JN411010

어레인보우

A · R · A · I · N · B · O · W

어레인보우

초판 1쇄 인쇄 2011년 5월 25일
초판 1쇄 발행 2011년 6월 01일

지은이 | 이태상
펴낸이 | 전승선
펴낸곳 | 자연과인문
등록 | 300-2007-172

주소 | (우110-320) 서울시 종로구 낙원동 58-1 종로오피스텔 605호
전화 | (02)735-0407
팩스 | (02)744-0407
이메일 | poet1961@hanmail.net
홈페이지 | www.jibook.net

값 12,000원
ISBN 978-89-961414-9-5 (03800)

좋은 독자가 좋은 책을 만듭니다.

어레인보우

무지개를 탄 코스미안 A·R·A·I·N·B·O·W

이태상 지음

자연과 인문

| 차 · 례 |

3부 : 합창

4부 : 다시, 독창

| 여 · 는 · 말 |

아무리 힘들고 슬프고 절망할 일이 많다 해도 이 세상에 태어난 게 태어나지 않은 것보다 얼마나 다행스러운가. 실연당한다 해도 사랑해본다는 게 못해보는 것보다 얼마나 아름다운가.

세상에는 기적 아닌 일이란 없다. 이 세상에 태어난 것부터 살아온 순간순간이 다 기적이다. 풀 한 포기, 꽃 한 송이, 이슬 한 방울, 바람 한 점, 햇살 한 줄기, 바다, 하늘, 별 등등 모두가 다 기적이다. 한없이 신비하고 슬프도록 아름다운…….

'어레인보우' 무지개를 올라탄 세상의 꿈꾸는 모든 사람들에게 이 책을 바친다.

2011년 5월 미국 뉴저지에서

이 태 상

|프·롤·로·그|

"정념은 지나치지 않으면 아름답지 않다. 사람은 지나친 사랑을 하지 않을 때는 충분히 사랑하지 않은 것이다."

제가 지금껏 살아오면서 깨달은 것은 '세상은 좁고 할 일은 하나' 라는 것입니다. 그 '하나' 라는 것은 우리 가슴 뛰는 대로 살자는 거지요. 충분히 사랑하자는 것입니다. 아무리 사랑해도 지나칠 수 없다는 말입니다.

우리가 흔히 가슴 아프다고 말할 때는 이웃의 슬픔과 아픔을 더 좀 나눌 수 없거나 그 누군가를 더 좀 사랑할 수 없어 안타까울 때입니다. 가슴 뛰는 대로 살지 않으면 평생을 후회하게 되는 것 같습니다. '바보처럼 공부하고 천재처럼 꿈꿔라' 고 강조하는 사람도 있지만 저는 '천재처럼 노력하고 바보처럼 살자' 고 말하고 싶습니다. 이 세상에 태어난 사람이면 누구나 다 하늘이 준 재능을 타고난 천재입니다. '구슬이 서 말'

같은 천부의 재능을 열심히 바보처럼 꿰는 인재가 되자는 거지요.

우리는 먹고 보고 듣고 읽고 생각하고 상상하고 꿈꾸고 믿으며 살아가고 있습니다. 달리 표현하자면 꽃을 보는 눈은 꽃이 되고 별을 보는 눈은 별이 되며, '너'를 좋아하면 나는 '너'가 되지요. 이렇듯 신념의 힘으로 '사랑의 요술'을 부리는 것은 우리 자신의 마음입니다.

"영원이란 우리가 사랑하는 대상 그 자체가 되는 섬광처럼 번쩍이는 그 일순간"이라고 믿었다는 독일의 신비주의자 야콥 뵘무의 말이 문득문득 되살아납니다. 현대 과학, 특히 양자역학에서는 시간과 공간의 차이가 없고 과거, 현재, 미래도 없다고 하지 않습니까? 그리고 현대의 천문, 물리, 생물, 화학에서는 별과 우리 인체를 구성하는 근본적인 요소가 같은 원소라고 하지 않습니까?

가수 조니 미첼이 "우리는 우주진塵-We are stardust."이라고 노래하듯 우리 모두가 저 '어린왕자'처럼 별에서 왔다가 별에게로 돌아갑니다. 우리는 어린왕자처럼 순수를 잃어버리지 않고 다시 별로 돌아가야 하지 않을까요.

저는 어린아이가 곧 '하나님' 이라고 믿습니다. 예수도 우리가 어린아이 같지 않으면 천국에 들어갈 수 없다고 했지요. 어린이에게는 참도 거짓도, 선도 악도, 아름다운 것도 추한 것도, 옳고 그른 것도, 귀하고 천한 것도, 남자도 여자도, 너도 나도 따로 없고 동물, 식물, 광물도 어린아이와 같은 하나지요. 사람은 나이를 먹어서 늙는 게 아니고 이상을 버릴 때 늙는다고 로마의 키케로는 말했습니다. 어린아이와 같은 순수를 지닌 사람들에게 자전적인 저의 삶의 편린들을 여기 서사적으로 풀어 놓습니다.

1부 : 독창

코스모스바다로 흘러든 가슴앓이

- 코스모스를 사랑한 소년
- 코스모스 연가
- 자아발견-인생탐험

코스모스를 사랑한 소년

소년은 달의 조각과 별똥별들이 동산의 풀숲에 우두둑우두둑 소리를 내며 떨어지고 있는 데도 전혀 눈치를 채지 못했다. 더구나 소년은 달의 조각과 별똥별들이 떨어진 곳에서 코스모스가 피어난 것을 전혀 알지 못했다.

밤하늘에 달이 돋았다. 소년은 다섯 살 때 돌아가신 아버지가 어깨를 늘어뜨리고 걸어서 넘어간 동산을 바라보았다. 늘 불어오던 바람, 변함없이 떠 있는 달, 그리고 밤하늘에 널려 있는 별들이 하나둘씩 소년의 눈에 들어왔다. 어느 날, 갑자기 보이지 않던 것이 눈에 들어오는 것은 한 조종사가 사막에서 어린왕자를 만나는 일과 다를 바가 없었다. 소년은 예전에 아버지가 그랬던 것처럼 자리에서 일어나 동산을 향해 걷기 시작했다. 여름밤 동산에 흐르는 풀냄새에는 물기가 묻어 있었다. 소년은 동화 『어린왕자』를 달달 외우고 있었다. 『어린왕자』에는 다음과 같은 표현이 있었다.

'너무 이상한 일을 당했을 때는 그것을 감히 거역하지 못하

는 법이다.'

사실, 소년은 그 말뜻을 잘 알지 못했다. 동산에는 달이 떠 있었고, 걸음을 옮길 때마다 별이 움직이고, 달이 점점 커지는 것을 느낄 뿐이었다.

"안녕."

동산 봉우리에 다다르자 어린왕자가 소년에게 인사를 했다.

"안녕."

소년도 어린왕자에게 아는 척을 했다. 그러자 어린왕자가 웃음을 참지 못하겠다는 듯 입에 손을 가져다 댔다.

"왜, 웃어?"

소년이 어린왕자에게 물었다. 어린왕자는 애써 웃음을 참으며 말했다.

"미안해, 네가 마치 유령 같아서 웃음이 나왔어. 정말 미안해."

소년은 잠시 침묵을 지키며 밤하늘을 올려다보았다. 이윽고 소년이 말했다.

"오늘은 이상해. 밤하늘의 달이 점점 커지고, 별이 흔들……. 유령처럼 아버지가 보여. 이런 적이 없었거든."

어린왕자는 다 알고 있다는 듯 머리를 끄덕이며 말했다.

"지금 살아 있는 모든 사람들의 등 뒤에는 삼십 명의 유령들이 서 있대."

"그, 그게 무슨 말이야?"

"지금까지 죽은 사람과 살아 있는 사람의 비율이 바로 삼십 대 일이기 때문이래. 태초부터 약 일천억 명의 사람들이 지구라는 행성을 누볐다고 하던데?"

"누, 누가 그런 말을 했는데?"

"누구긴 누구야, 이곳 지구에서 살다간 사람이 그랬지."

"그게 누구냐고?"

"아서 클라크라는 사람인데 알겠니?"

"아니 몰라."

잠시 침묵이 이어진다 싶더니 어린왕자가 다시 입을 가리며 웃었다.

"왜 자꾸 웃어?"

"그 숫자가 참 재미있잖아. 태초부터 지금까지 지구라는 행성을 누빈 사람들이 약 일천억 명이라던데 은하수에 존재하는 별의 숫자도 약 일천억 개거든."

"저, 정말이야?"

"그렇다니까. 지금까지 지구에 살았던 모든 사람들이 이 우주 안에 자기만의 별을 하나씩 갖고 있는 셈이지."

소년은 달과 별을 번갈아 쳐다보며 침묵을 지켰다. 너무 이상한 말을 들어서 그것을 감히 거역하지 못하는 기분이 들 뿐이었다. 침묵을 깨고 어린왕자가 물었다.

"떠날 거니?"

"어떻게 알았어?"

"그냥 알지."

"별은 왜 자꾸 흔들리는 거지? 달은 또 왜 저렇게 커지는 거지? 저러다 터지고 말겠어."

소년은 다섯 살 때 돌아가신 아버지의 얼굴을 떠올리려고 애를 썼다. 그러나 허사였다. 어깨를 늘어뜨리고 동산을 향해 걸어가는 아버지의 뒷모습만 떠오를 뿐이었다.

"난 떠날 거야. 안녕!"

소년이 어린왕자에게 말했다. 그리고는 대답도 듣지 않고 소년은 걸음을 옮기기 시작했다. 어린왕자는 아무 말도 하지 않았다. 어린왕자는 달이 소리 없이 팽창하여 폭죽처럼 터지는 것을 지켜보았다. 그러나 소년은 달의 조각과 별똥별들이 동산의 풀숲에 후두둑후두둑 소리를 내며 떨어지고 있는 데도 전혀 눈치를 채지 못했다. 더구나 소년은 달의 조각과 별똥별들이 떨어진 곳에서 코스모스가 피어난 것을 전혀 알지 못했다.

소년은 그렇게 집을 나와 길을 떠났을 뿐이고, 사람들은 그러한 소년이 가출을 했다고 말했다. 소년은 떠나온 여행길에서 시를 쓰며 깊어가는 여름밤을 보냈다.

코스모스

소년은 코스모스가 좋았다.
이유도 없이 그저 좋았다.
소녀의 순정을 뜻하는
꽃인 줄 알게 되면서
청년은 코스모스를
사랑하게 되었다.
철이 좀 들면서 나그네는
코스모폴리탄의 길을 떠났다.
카오스 속에서
코스모스를 찾아서
그리움에 사무쳐 늙지 않는 아이
무심히 뒤를 돌아보며
빙그레 한번 웃게 되리라.
걸어온 발자국마다

무수히 피어난
코스모스를 발견하고
무지개를 좇는
파랑새의 애절한 꿈은
정녕 폭풍우 휘몰아치는
먹구름장 너머 있으리라.

어쩌면 타고난 태곳적 향수에 젖어 정처 없이 떠돌아 방황하던 시절, 이미 어린 나이에 사랑의 순례자가 된 소년은 독선과 아집으로 화석이 되어버린 어른들의 카오스적 세계가 보기 싫어 순수한 사랑으로 코스모스 속에 새로 태어나고 싶었다. 그러나 그는 아무도 사랑할 수 없었다. 자신을 사랑하지 못하는 한 그 누구도 진정으로 사랑할 수 없다는 것을 먼 훗날에야 그는 비로소 깨닫게 되었다.

코스모스 연가

"미치고 못난 놈이라 욕하셔도 곧, 코스모스의 품에 뛰어들겠습니다." 청년은 유서를 코스모스에게 띄우고 동해에 몸을 던졌다.

해마다 가을이면 가는 곳마다 길가에 깨끗하고 고운 코스모스가 하늘하늘 피어 길 떠나는 사람의 눈길을 붙잡는다. 이때면 누구나 가슴앓이를 하게 된다. 아물어가던 가슴속 깊은 상처가 도져 다시 한 번 코스모스 상사병을 앓게 되는 것이다. 시간은 속절없이 흘렀고, 어느 덧 소년은 청년이 되었다.

어느 날 청년은 서울 종로에 있는 고려당 빵집에 들렀다가 우연히 한 여자와 눈길이 마주쳤다. 여자는 너무도 청초하고 아름다웠다. 꽃으로 따지면 무슨 꽃을 닮았을까? 코스모스는 신의 첫 작품이고, 국화는 신의 마지막 작품이라던가?

그런저런 생각에 빠져 있을 때 여자는 일어나 빵집 문을 나서고 있었다. 잠시 망설이던 청년은 벌떡 일어나 여자의 뒤를 좇았다.

"제게 무슨 볼일이라도 있으신가요?"

여자의 목소리는 맑았다. 청년은 종로에서 신촌까지 여자의 뒤를 따라갔다. 그런 청년의 행동을 알아차린 여자가 물었던 것이다.

"저는 최근 서울 문리대 종교학과를 막 졸업한 사람입니다. 꼭 인사라도 하고 싶었습니다. 불쾌하신가요?"

"……."

여자는 대답대신 붉은 코스모스처럼 낯을 붉혔다. 청년은 만족스러웠고, 앞으로 여자를 코스모스라고 부르기로 마음먹었다.

청년은 야당의 중진급 국회의원으로부터 비서로 일해 달라는 청을 받았다. 대학생 신분으로 선거운동에 참여한 것이 주목을 받은 모양이었다. 그러나 청년은 거절했다. 청년에게는 엉뚱한 생각이 있었기 때문이었다.

앞으로 세계는 정치, 경제, 문화 할 것 없이 국제무대가 될 것이라고 청년은 생각했다. 그래서 외국어는 필수라고 판단했다. 청년은 중고등학교 때부터 영어는 물론이고 일어, 독일어, 불어, 스페인어까지 공부했다. 대학에 가서는 라틴어, 희랍어,

히브리어, 러시아어, 중국어, 아랍어도 배웠다. 때문에 대학시절 청년은 영어, 독어, 불어, 스페인어 등을 대학생들과 군 장성 및 회사 사장들에게 개인교수도 할 정도가 되었다.

떫디떫게 설익은 나이 탓이었겠지만 남자로 태어나 갖지 못할 직업이 세 가지가 있다고 청년은 생각했다. 첫째는 비서, 둘째는 대변인, 셋째는 대서 및 대필을 하는 직업이 그것이었다. 얼마나 못났으면 자기 일, 자기 말도 못하고 남의 심부름이나 하며 남의 글을 대신 써주랴 싶었던 것이다.

그러니 청년은 국회의원 비서를 하는 것보다 이왕이면 대통령 비서를 해보리라 마음을 먹었다. 그것도 대통령 비서직이 탐나서가 아니라 호랑이를 잡으려면 호랑이굴 속에 들어가야 하지 않겠나 하는 생각에서였다. 그렇다고 청년은 누군가를 암살하겠다는 생각은 꿈에도 없었다. 이승만 대통령이 간신배, 아첨꾼, 모리배 같은 인의 장막에 가려 민의와 세정을 제대로 살피지 못하니 청년이 측근이 되어 사심 없이 직언을 해보리라 마음을 먹은 것이었다. 청년은 경무대로 불리던 대통령 비서실의 의전비서가 되기로 유력한 고위층 인사의 천거까지 받아 놓은 상태였다.

설익은 생각, 앞뒤 가릴 줄 모르는 과대망상, 마음보다 몸이 먼저 앞서가는 사랑은 그렇게 시작되었다. 청년은 코스모스에게서 연락처를 받아낸 후로 자연스럽게 만나 식사도 하고, 명동에 있던 음악감상실 '은하수'에도 갔으며, 영화관에도 갔다.

청년은 어느 날 코스모스와 영화 『카라마조프가의 형제들』을 보러 서울에 있는 대한극장에 갔다. 이층 로비에서 다음 회 상영시간을 기다리던 중 코스모스가 말했다.

"화장실에 가지 않으실래요?"

청년은 별로 갈 생각이 없었으나 코스모스가 무안해 할까봐 함께 화장실로 향했다. 신사와 숙녀 화장실의 입구가 나란히 붙어 있었다. 청년은 신사용 화장실로 들어섰다. 오줌이 마렵지 않았지만 청년은 오줌 누는 시늉만 했다. 그러다 청년의 머릿속에 스치는 생각이 있었다. 벽을 사이에 두고 청년과 코스모스는 그리 멀리 있지 않다는 생각이 들었던 것이다. 청년은 지금 몇 미터만 공간을 단축시키면 코스모스와의 사이에 거리가 없어져 코스모스 속에 자신이 있을 수 있겠다는 생각이 떠올랐다. 축지법이 아닌 축공법을 그 순간 청년은 경험한 것이다.

그 후로 청년은 결코 외롭지 않았다. 언제 어디서나 그 어느 누구하고도 아주 가깝게 느낄 수 있었다. 우주공간을 한 점으로 압축시킨다면 세상 모든 사람과 일심동체가 될 수 있지 않으랴.

시간은 다시 흘렀다. 코스모스는 경남여고를 나와 이화여대 약대에 다니고 있었다. 1959년 겨울방학이 되자 코스모스는 부산에 있는 집으로 내려가면서 청년에게 크리스마스 선물로 단테의 『신곡』 원서 한 권을 주었다. 청년은 추진하는 일이 성사되는대로 코스모스의 부모님을 찾아뵙기로 했다. 만일 뜻대로 되지 않을 경우에는 개학 후 2월 14일 밸런타인데이 때 서울 '호수그릴'에서 만나기로 약속하고 청년은 코스모스와 헤어졌다.

며칠 후, 청년은 서울을 탈출했다. 학생운동 경력이 문제가 되어 몸을 숨겨야 하는 처지가 되었기 때문이었다. 갖은 고초를 겪고 은신하면서 청년은 코스모스에게 편지를 썼다. 약속한 시간과 장소에서 볼 수 없게 되었지만 꼭 기다려달라는 간곡한 편지를 보낼 생각이었다. 종이에다 평범하게 펜과 잉크로 써서 편지를 보내는 것은 성의가 없어 보였다. 그래서 청년은 주사기로 피를 한 대접 정도 뽑아냈다. 그리고는 창호지에다 붓으로 혈서를 써서 소포로 부쳤다.

코스모스로부터 은신처로 답장이 왔다. 코스모스는 청년의 혈서를 받고 기겁을 했는지 자신을 잊어달라는 짤막한 답장이었다. 청년은 목숨 걸고 무모하게 꾸몄던 일이 틀어져 나락을 헤매면서도 코스모스에 대한 사랑으로 간신히 버텨왔었는데 마지막 희망의 불빛이 꺼지자 깜깜한 어둠 속에서 절벽을 더듬는 절망뿐이었다.

삶의 의욕을 상실하자 어려서부터 미리 짜놓았던 마지막 코스를 밟기로 청년은 결심했다. 마지막 코스란 최선을 다한 결과 최악의 경우에 직면하면 청년이 취할 수밖에 없는 최후조치였다. 시험이고 사업이고 연애고 무슨 일이든 시작할 때 미지수인 결과에 전전긍긍하면 불안감과 조바심으로 말미암아 사람 꼴이 안 되는 법이다. 물론 최선의 결과를 희망하고 기대하며 무슨 일이든 벌이지만 동시에 처음부터 최악의 경우까지 각오해 놓으면 밑져봤자 본전인 셈이다.

사사건건 최악의 경우를 각오하기보다 몰아서 한꺼번에 해두는 게 더 마음의 여유가 생길 것 같아 청년은 최악 중에 최악을 각오했다. 하다하다 안 되면 자폭하면 되지. 살다 살다 못 살겠으면 죽어버리면 되지. 그것으로도 안 된다면 지옥의 맨 밑바닥까지 갈 각오만 되어 있으면 세상에 두려울 게 없지. 그렇다 치고 그럼 최악 중에 최악의 경우 어떻게 자살할 것인가. 구체적인 방법까지 청년은 미리 생각해 두었다. 배라도 한 척 구할 수 있으면 망망대해로 노 저어 가는 데까지 가다 죽으리라. 아니면 그냥 바다에 뛰어들어 헤엄쳐 가는 데까지 가다 죽으리라. 이것이 청년이 선택한 죽는 방법인 동시에 사는 방법이었다. 마치 오랫동안 생각해 두었던 것처럼 전가의 보도를 뽑듯 청년은 짧은 편지를 썼다.

"미치고 못난 놈이라 욕하셔도, 곧 코스모스의 품에 뛰어들겠습니다."

청년은 유서를 코스모스에게 띄우고 동해 깊은 바다에 몸을 던졌다. 그러나 정말 인명은 재천인가, 청년은 구사일생으로 목숨을 건졌다. 그러나 척추를 다쳐 서울의 메디컬센터에 입원해야만 했다. 청년이 병원에서 수술을 받고 입원해 있는 동안 4 · 19가 터졌다.

어느 날, 청년은 신문에 게재된 4 · 19 의연금 기부자 명단에 '코스모스'라는 이름을 찾아내곤 그대로 얼어붙고 말았다. 청년은 틀림없이 자신의 코스모스라는 것을 직감했다. 청년이 4 · 19 혁명에 동참했다가 희생된 것으로 알고 코스모스가 청년을 생각하는 추모의 정이라 단정했다. 청년은 감격하여 목이 메어 울었다. 이 순간 죽어도 한이 없을 만큼 청년은 행복했다. 이 행복감을 만끽하면서 청년은 영원히 잠들고 싶었다.

그래서 청년은 한 번의 수술로 몸이 괜찮았지만 꾀병을 부려 두 번 세 번 수술을 받았다. 수술을 받다 마취에서 깨어나지 않으면 제일 좋겠고 깨어난다 해도 코스모스의 추억만으로 남은 생은 행복할 수 있을 것 같았다.

자나 깨나 코스모스 생각으로 1년 가까이 입원해 있던 어느 날이었다. 청년은 다시 신문에서 이대 졸업반 학생들을 상대로 설문조사한 결혼관에 대한 기사를 읽게 되었다. 어느덧 코스모스도 졸업반이었다. 기사 중에 '결혼하지 않겠다'는 몇몇 여학생의 말이 눈에 박혔다. 그 중에서도 '남자의 생애가 너무 모질고 비참한 것 같아서'라는 대답이 청년의 가슴을 쳤다. 나의 코스모스는 내가 이렇게 살아 있는데 죽은 줄 알고 날 못 잊어 결혼도 안 하겠다고 하는구나. 내가 못할 짓을 했구나. 한시라도 빨리 끔찍한 고통에서 코스모스를 해방시켜야겠구나. 그렇게 마음을 먹자 어둠처럼 불안이 엄습해 왔다. 청년은 사람이 척추수술을 받으면 성불구가 된다는 말을 들은 적이 있었기 때문이었다. 청년은 스스로에게 묻기 시작했다.

혹시 내가 성불구자라도 되지 않았을까. 그렇지 않다 해도 아빠가 될 수 있을까. 미심쩍고 불안했다. 정자검사를 해보고서야 청년은 안심하고 코스모스에게 편지를 썼다. 1961년 2월 14일 밸런타인데이 때 호수그릴에서 만나자고. 이 날은 양가 집안 어른들도 그 자리에 나오시게 할 생각이었다.

청년은 코스모스가 편지를 받았는지 확인하기 위해 학교로 찾아갔다. 청년이 보낸 편지는 학과 우편함에 그대로 있었다. 그 편지를 회수한 청년은 코스모스가 서울에서 거처하는 주소를 물어물어 찾아갔다. 그야말로 착각은 자유, 망상은 바다였다. 청년은 그동안 터무니없는 망상에 사로잡혀 있었다는 것을 비로소 깨닫게 되었다.

코스모스는 청년과 헤어진 후 새로 교제하는 남자가 있다고 했다. 진심으로 행복을 빌어주고 돌아오는 길은 허탈감과 공허감으로 눈앞이 아찔했다. 하늘이 내려앉고 땅이 꺼지는 듯했다. 그날 밤이었을까? 아니면 울다 지친 어느 날 밤이었을까? 폭풍우가 끝나고 난 후 해변을 걷는 심정으로 청년은 다시 시를 썼다.

바다

영원과 무한과 절대를 상징하는
신의 자비로운 품에
뛰어든 인생이련만
어이 이다지도 고달플까.

애수에 찬 갈매기의 고향은
출렁이는 파도 속에 있으리라.
인간의 마음아 바다가 되어라.
내 마음 바다가 되어라.
태양의 정열과 창공의 희망을 지닌
바다의 마음이 무척 부럽다.
순진무구한 동심과
진정한 모성애 간직한
바다의 품이 마냥 그립다.
비록 한 방울의 물이로되
흘러 흘러 바다로 간다.

이 독백은 청년이 아주 어렸을 때부터 비롯된 것이다. 어머님 뱃속에서부터 아니 어쩌면 태곳적 옛날 바다의 품속에서 받은 태교육일 것이다. 이 세상에 태어난 후에도 계속 받고 자란 탓인지 나이 열 살 때 지은 이 동시를 밤낮으로 쉬지 않고 숨 쉬듯 아직도 외고 있었다. 언제나 바다를 꿈꾸면서 바다처럼 넓게 생각하고 바다처럼 깊게 느끼는 바다의 마음을 가져보려고.

자아발견-인생탐험

청년의 가슴속에서 신이 떠나갔고, 혈서를 본 코스모스도 기겁하며 달아났다. 그러나 신과 코스모스가 떠나간 자리에 미지의 여인에 대한 사랑이 잉걸불처럼 피어나기 시작했다.

“세계의 모든 종교들 가운데 기독교만 참 종교이고 나머지는 다 미신입니다.”

주임교수의 강의는 그렇게 시작되었다. 청년은 당황하지 않을 수 없었다. 종교란 초인간적인 신을 숭배하고 신앙하여 선악을 권계하고 행복을 얻고자 하는 일이 아니던가. 그러할진대 기독교만이 참 종교고 나머지는 모두 미신이라는 것은 너무 무책임한 말이 아닌가.

청년은 대학에 진학할 때 전공과목을 무엇으로 택할까 고민했다. 대학과정이란 하나의 교양과정에 지나지 않을 것이다. 앞으로 일생을 살아가는데 학문적인 기반, 경제적인 기반, 사회적인 기반 등이 다 필요하겠지만 무엇보다 정신적인 기반을

닦는 것이 급선무가 아닐까. 인생이 망망대해에 떠도는 일엽편주 같다지만 그런대로 나름의 방향감각을 갖고 자신의 뜻대로 항해해 보기 위해서는 인생관을 확립하는 것이 중요하다는 생각에까지 미치자 청년이 고민 끝에 선택한 대학과 전공이 서울문리대 종교철학이었다.

"기독교도 다 기독교가 아닙니다. 기독교의 여러 신교 교파 중에서도 감리교만이 진짜고 나머지는 모두 이단입니다. 기독교인도 다 기독교인이 아닙니다. 기독교인이 천 명이면 구백구십구 명은 다 가짜 신자입니다."

참다못한 청년은 벌떡 일어나 말했다.

"내가 믿는 종교가 소중하면 다른 사람이 믿는 종교도 소중한 것이 아니겠습니까?"

"그, 그게 무슨 말인가?"

주임교수는 얼굴을 붉히며 물었다. 청년은 내친 김에 말을 이었다.

"우리나라 기독교는 장로교와 감리교의 교세가 가장 큰 데 기독교인들은 사실 그 차이조차 알지 못합니다. 그런데 교수님께서는 기독교만이 참 종교이고, 그 중에서 감리교만이 진짜라고 하시니 결코 공평하지 않습니다. 차라리 기독교가 없었다면 십자군전쟁으로 수많은 사람들이 죽지 않았을 것입니다."

가만히 듣고만 있던 주임교수는 얼굴이 홍당무가 되더니 갑자기 소리를 질렀다.

"사탄아, 물러가라!"

사탄이 된 청년은 뭐라 대꾸를 하려다가 그만두고 강의실을 박차고 나왔다. 청년은 교수의 독선적이고 독단적인 강의를 도무지 참을 수 없었다. 교회에 다닐 때는 극장 문 앞에만 가도 당장 지옥에라도 가는 줄로만 알고 수도사적인 생활을 했던 청년이었다.

크게 실망한 끝에 교회를 '졸업' 하게 된 청년은 인간으로서의 자아를 발견하고 무한한 호기심을 품은 채 인생탐험에 나섰다. 청년은 그동안 안 읽던 소설책들을 밤새워 탐독하고 안 보던 영화를 하루에도 여러 편씩 관람했다. 영화나 소설을 보고 읽는데 만족하지 않고 영화나 소설 속의 인물들처럼 그렇게 실제로 살아보리라 다짐했다. 그리고 청년은 영화나 소설에 없는 스토리까지 독창적으로 만들어가면서 살아보리라 결심했다.

그러면서 청년은 자신의 짝을 찾아 나섰다. 온실의 화초같이 고이 자란 여자를 만나 더욱 곱고 아름답게 가꿔주는 것도 좋겠지만 그보다는 불우하게 자란 여자를 전보다 편안하고 행복하게 해주는 것이 더 보람 있지 않겠나 하는 생각이 들었다. 그래서 청년은 심지어 창녀촌까지 찾아다니며 창녀의 몸값에 해당하는 빚도 갚아 준 적이 있을 정도로 순정을 바쳤다. 하지만 인연이 없었는지 수많은 여자들한테서 실연만 당하고 청년의 가슴은 만신창이가 되어갔다. 번번이 헛짚고 헛수고일 뿐이었다.

몸과 마음이 지쳐갈 무렵, 대학의 영어 교양과목 시간에 읽은 단편소설 하나가 머릿속에 떠올랐다. 그 영문소설의 제목은 『만날 약속』이었다. 제2차 세계대전 때 한 젊은 미군 병사가 부대 도서실에서 미국 시민들이 해외전장에 나가있는 장병들을 위해 기증한 도서들 가운데 영국작가 섬머셋 모음의 자전적 장편소설 『인간의 굴레』를 읽기 시작했다. 미군 병사는 소설을 읽다가 행간에 미지의 여인이 써놓은 낙서를 보고 호기심이 발동했다. 미군 병사는 낙서의 필자를 끈질기게 추적해 수년간 펜팔로 사귀게 되었다.

어느 날, 미군 병사는 종전이 되어 귀국했다. 제대한 병사는 여인을 만나기로 약속한 어느 기차역 플랫폼에 도착했다. 서로 얼굴도 모르는 사이라 남자는 『인간의 굴레』를, 여자는 꽃 한 송이를 들고 나오기로 했다. 몇 년 동안 자나 깨나 그려보던 여인의 모습을 찾아 두리번거리는 병사의 눈에 꽃 한 송이를 든 할머니가 나타났다. 순간 병사는 자못 실망했으나 피하지 않고 할머니에게 다가가 정중히 인사를 했다. 그러자 할머니는 병사와 만나기로 한 젊고 아리따운 처녀가 기차역 앞 어느 레스토랑에서 지금 기다리고 있으니 어서 가보라는 것이었다. 병사는 할머니를 피해 달아날 수 있었으나 만날 약속을 지킨 것이었다.

영문소설을 떠올린 청년은 가슴속에 꿈을 하나 키우게 되었다. 자신의 가장 이상적인 배우자를 가장 이상적인 방법으로 찾아보겠다는 것이었다. 청년이 선택한 방법은 다름 아닌 펜팔 교제였다. 서로 얼굴도 모르면서 편지로 사귀다 보면 상대방의 용모라든지 학벌, 신분, 직업, 재산 등 외적 조건과 환경에 구애받지 않고 서로의 생각과 느낌을 나누면서 좀 더 진실한 내적 인간관계가 성립될 수 있을 것으로 청년은 판단했다.

대학의 강의실에서 뛰쳐나온 후로 청년은 신과 내세중심의 종교를 포기했다. 청년의 가슴속에서 신이 떠나갔고, 혈서를 본 코스모스도 기겁하며 달아났다. 그러나 신과 코스모스가 떠나간 자리에 미지의 여인에 대한 사랑이 잉걸불처럼 피어나기 시작했다. 아련히 청년에게 한 구원의 여인상이 떠올랐다.

사랑스럽고 상냥한 여인이 있지

사랑스럽고 상냥한 여인이 있지
이처럼 내 맘에 드는 얼굴을 본 적이 없어
나는 이 여인이 지나치는 모습 봤을 뿐이지만
내 목숨 다하는 날까지
이 여인을 난 사랑할 거야

– 영국시인 바네입 구지 (1540~1594)

There is a Lady Sweet and Kind

There is a lady sweet and kind,
Was never face so pleased my mind.
I did but see her passing by,
and yet I love her till I die.

– Barnabe Googe (1540~1594)

그러면서 청년은 페르시아의 시인 잘랄 우딘 루미(1207~1273)의 시 한 구절을 거듭 반추했다.

나는 당신과 입 맞추고 싶어
(그 입맞춤의 대가가 내 목숨이지만)
이제 막 내 사랑이 내 삶을 향해 달려오고 있어
"이 얼마나 좋은 값이냐. 어서 사자!" 고
외치면서

I would love to kiss you.
(The price of kissing is my life).
Now my loving is running toward my life
shouting
"What a bargain, let' s buy it!"

– Jalal ud-din Rumi (1207~1273)

2부 : 중창

사슴의 노래

꽃을 사랑하는 법

도망을 치지 말았어야 했어. 그 오죽잖은 꾀 뒤에 애정이 숨어 있는 걸 알았어야 했어. 꽃들은 마음과는 다른 말을 무척 잘하니까. 그렇지만 나는 너무 어려서 그 꽃을 사랑할 줄을 몰랐어.

밤하늘에 달이 돋았다. 동산 봉우리 언저리에 청년이 나타났다. 청년은 어깨를 늘어뜨린 채 예전에 떠나간 길을 거슬러 오고 있었다. 늘 불어오던 바람, 변함없이 떠 있는 달, 그리고 밤하늘에 널려 있는 별들이 하나 둘씩 청년의 눈에 들어왔다. 어느 날, 갑자기 보이지 않던 것이 눈에 하나씩 들어오는 것은 정말로 한 조종사가 사막에서 어린왕자를 만나는 일과 다를 바가 없었다.

여전히 동산에 흐르는 풀냄새에는 물기가 묻어 있었다. 동산에는 달이 떠 있었고, 청년이 걸음을 옮길 때마다 별이 움직이고 있었다.

"아저씨, 안녕"

동산의 봉우리에 다다르자 어린왕자가 기다렸다는 듯이 청년에게 인사를 했다.

"안녕, 넌 아직도 그대로구나."

청년도 어린왕자에게 아는 척을 했다. 그러자 어린왕자가 웃음을 참지 못하겠다는 듯 입에 손을 가져다 댔다.

"왜, 웃어?"

청년이 어린왕자에게 물었다. 어린왕자는 애써 웃음을 참으며 말했다.

"아저씨가 마치 유령 같아서 웃음이 나왔어. 미안해."

"예전에도 그랬잖아. 유령 같은 게 아니라 비렁뱅이처럼 보이겠지."

"음……. 사실은 그래."

어린왕자가 솔직하게 말하자 청년과 어린왕자는 동시에 큰 소리로 웃었다. 웃음이 그치자 청년과 어린왕자는 침묵을 지켰다. 동산에는 달이 점점 커지고 있었고, 별이 움직이고 있었다. 이윽고 침묵을 깨고 어린왕자가 말문을 열었다.

"나 코스모스 좀 그려 줘."

청년은 종이와 만년필을 꺼내 들고 그림을 그리기 시작했다. 청년은 장난기가 발동해서 모자를 그려서 내밀었다.

"아니야! 아니야! 내가 언제 뱃속에 코끼리가 들어 있는 보아구렁이를 그려 달랬어?"

어린왕자의 말을 듣고 청년은 깜짝 놀랐다. 청년은 종이의 뒷면에 상자를 그려 내밀었다. 그림을 받은 어린왕자는 얼굴이 환해졌다.

"이게 바로 내가 갖고 싶었던 그림이야. 예전에 사막에서 만난 조종사가 그린 그림하고 똑 같아서 좋아."

"알아."

"어떻게 알아?"

"난 다 알아. 예전에 네가 사막에서 조종사를 만난 얘기도 다 알고 있어."

"아, 그 조종사를 만난 모양이구나?"

"어쨌든……. 알아."

"그러면 호랑이를 불러오라던 거만한 꽃 이야기도 들었겠네."

"물론이지."

시무룩하던 어린왕자는 혼잣말을 했다.

"나는 그때 아무것도 이해하지 못했어. 그 꽃이 하는 말을 가지고 판단할 것이 아니라, 하는 짓을 보고 판단해야 할 걸 그랬어. 내게 향기를 풍겨주고 그랬으니까. 도망을 치지 말았어야 했어. 그 오죽잖은 꾀 뒤에 애정이 숨어 있는 걸 알았어야 했어. 꽃들은 마음과는 다른 말을 무척 잘하니까. 그렇지만 나는 너무 어려서 그 꽃을 사랑할 줄을 몰랐어."

청년은 그 얘기도 알고 있다고 대답하려다가 그만 두었다.

"아저씨도 그런 적 있어?"

"그래. 나도 코스모스를 사랑한 적이 있었어. 코스모스의 꽃말은 소녀의 순정이라잖아. 그런데 나의 코스모스는 내게 향기를 풍겨주지도 않았어. 물론 꽃들은 마음과는 다른 말을 무척 잘 한다고 생각했지. 꽃이 하는 말을 가지고 판단할 것이 아니라 하는 짓을 보고 판단해야 할 걸 그랬다는 네 말대로. 그렇지만 나는 도망치지도 않았는데 그 코스모스의 오죽잖은 꾀 뒤에 애정이 숨어 있었는지 지금도 잘 모르겠어. 무엇이 잘못된 것일까? 내가 너무 어려서 그 코스모스를 사랑할 줄 몰랐던 것일까?"

어린왕자는 아무 말도 하지 않았다.

"너는 너의 별에서 꽃과 말썽이 생겨 지구까지 왔지?"

침묵을 깨고 청년이 어린왕자에게 말했다.

"그래, 맞아."

우울한 목소리로 어린왕자가 대답했다.

"그리고 너는 지구에 와서 하나 밖에 없는 꽃을 가진 부자라고 생각했다가 수많은 장미를 보고는 위대한 왕자는 못 되겠다는 생각을 하고서 풀 위에 엎드려 울었잖니?"

"그래……. 그것도 맞아."

어린왕자는 울음을 가까스로 참으며 대답했다. 청년은 자신이 어린왕자에게 너무 잔인한 말을 하고 있다는 것을 알면서도 계속 말을 이었다.

"그래도 너는 너 하나만의 꽃이라도 있잖니. 나는 나 하나만의 코스모스를 가지고 싶었는데 그러지 못했어. 나는 그 이유를 알고 싶어."

청년은 말을 마치고 입을 다물었다. 하늘에는 달이 돋아 있었고, 이곳저곳에서 별이 빛나고 있었다. 청년은 어린왕자가 자신의 별을 슬쩍 쳐다보는 것을 알아채고 말했다.

"삼대독자에다 유복자로 태어나 자식을 열둘이나 본 사람이 있었어. 자식들은 물론 모든 어린이들을 극진히 사랑한 사람이야. 그 사람은 손수 지은 동요와 동시, 그리고 아동극본들을 모아 경술국치 후 일제 초기에 우리말로 된 『아동낙원』이라는 책을 자비로 500부를 출간했어. 그런데 꼭 한 권 집에 남아 있던 것마저 전쟁 때 없어지고 말았지. 그 사람이 우리 아버지야."

어린왕자는 아무런 대꾸를 하지 않았다.

"글을 처음 배우면서 읽은 『아동낙원』 속의 「금붕어」라는 동시 한 편의 글귀는 정확히 기억을 못해도 그 내용만은 잊혀지지 않아. 어느 비오는 날, 어항 속 금붕어를 들여다보면서 어린아이가 혼잣말 하는 내용이야. 들어보겠니?"

여전히 어린왕자는 아무런 대꾸를 하지 않았다. 청년은 대답을 기다리지 않고 동시를 암송하기 시작했다.

헤엄치고 늘 잘 놀던 금붕어 네가
웬일인지 오늘은 꼼짝 않고 가만있으니
너의 엄마 아빠 형제들 그리고 친구들 모두
보고 싶고 그리워 슬퍼하나 보다.
저 물나라 네 고향생각에 젖어
밖에 내리는 빗소리 들으며
난 네가 한없이 좋고 날마다 널 보면서
이렇게 너와 같이 언제나 언제까지나
한집에 살고 싶지만,
난 너를 잃고 싶지 않고
너와 헤어지기 싫지만,
난 너와 떨어지기가 너무 너무나 슬프지만
정말 정말로 아깝지만
난 너를 놓아줘야겠다.

정말 정말로 아깝지만
난 너를 놓아줘야겠다.
너의 고향 물나라 저 한강물에.

동시를 외우고 난 뒤 청년은 말했다.

"그토록 어린 나이에 받은 깊은 인상과 감상 때문이었을까 이때부터 나는 금붕어 철학을 갖고 살아온 것 같아. 어려서 벗들과 놀 때도 어떤 친구가 조금이라도 싫어하면 아무리 하고 싶은 일도 곧바로 그만두곤 했지. 그렇기 때문에 잃어버린 기회, 놓쳐버린 아가씨들이 부지기수일 거야. 흔히들 여자가 '노' 하더라도 속마음은 '예스'로 새겨듣는 것이 좋다고 하지만, 나는 고지식하게 상대방의 말을 곧이곧대로 받아들여 거듭 낭패만 보았나 봐. 그래도 말이야, 삶이란 있을 법 하지 않은 것을 추구하는 것이라고 하잖아. 세상의 어떤 기쁨도 참된 인간관계 밖에서는 맛볼 가망조차 없을 거야."

이어서 청년은 또 말했다.

"난 돌아갈 거야."

"어린 시절로 돌아가는 것이 좋은 것만은 아닐 텐데……. 마음도 아프고 속상할 거야."

예상했다는 듯이 어린왕자가 대답했다.

"다시 떠나기 위해서는 어린 시절로 돌아가야 해. 코스모스를 만나기 위해서도 그렇고."

청년은 걸음을 옮기기 시작했다. 어린왕자는 아무 말도 하지 않았다. 청년이 어린 시절로 뚜벅뚜벅 걸어서 돌아갈 때까지 어린왕자는 내내 동산에 서 있었다.

인간도처유청산

그렇게 전쟁 속에서도 꽃은 피었다. 과일과 찐빵을 팔아주던 인민군도, 아낌없이 건빵을 내밀던 국군도, 엿을 한꺼번에 다 팔아준 친구의 형도, 고생한다며 돈을 내밀던 간호 장교도, 쌀을 한꺼번에 팔아준 싸전주인 할아버지도 소년에게는 마음속에서 피는 꽃이었다.

그해 초여름, 전쟁이 터졌다. 소년이 중학교 2학년에 다닐 때였다. 다른 사람들처럼 소년의 가족도 서울을 빠져나가려 했지만 한강의 다리가 끊겨 피난도 갈 수 없었다. 소년의 아버지는 삼대 독자 외아들인 데다가 유복자로 태어나 자식을 열 둘이나 두었다. 그렇지만 소년이 다섯 살 때 아버지는 돌아가셨고, 소년은 몸도 마음도 크게 자라지 않았다.

어느 날, 소년은 나돌아다니지 말라는 어머니의 당부도 잊은 채 화마에 휩싸인 서울의 거리로 나갔다. 멀쩡했던 건물이 쓰러져 있었고, 높은 담도 무너져 벽돌이 여기저기 뒹굴고 있었다.

소년은 거리를 걷다가 무너진 건물 옆에 풀이 자라고 있는 것을 발견했다. 소년은 걸음을 멈추고 허리를 굽혀 건물 옆으로 다가갔다. 풀 속에 자라고 있는 연분홍빛 어린 꽃을 소년은 한눈에 알아보았다. 코스모스였다. 이 더운 여름에 코스모스라니.

태양빛이 위세를 떨치고 있는데 갑자기 우박이 쏟아졌다. 우박은 건물의 벽에도 박히고, 바닥에 먼지를 일으키며 사방으로 튀었다. 소년은 저도 모르게 몸을 더 낮춰 바닥에 엎드렸다.

그렇게 한참을 바닥에 엎드려 있다가 소년은 고개를 들었다. 사방은 조용했다. 소년은 몸을 일으켰을 때 건물 벽에 그려져 있는 총탄 자국을 발견했다. 우박은 하늘을 나는 비행기가 쏘아대는 기총소사였다. 소년은 건물 아래에 피어 있는 연분홍 코스모스를 내려다보았다. 소년은 놀라 입을 다물지 못했다. 만약에 코스모스를 발견하지 못했다면, 그래서 허리를 굽히지 않았다면 꼼짝없이 기총소사에 맞았을 것이라는 생각이 들었기 때문이었다.

이후로 소년은 폐허가 된 도시를 다람쥐처럼 쏘다녔다. 친구들의 말에 따르면 서울 근교의 과수원에는 사람들이 모두 피난을 가서 과일들이 지천으로 깔려 있다고 했다. 소년은 어머니를 기쁘게 해드리려고 과일을 찾으러 과수원으로 향했다.

과수원에는 과일들이 지천으로 깔려 있는 것은 아니었지만 그래도 제법 먹을 수 있는 과일들이 눈에 띄었다. 소년은 크게 상하지 않은 좋은 과일들은 따로 보따리에 챙겼고, 아쉬운 대로 먹을 수 있는 것은 우적우적 씹으며 집으로 향했다. 소년은 집에 거의 다 왔을 때 인민군들과 마주쳤다. 보따리에 담긴 과일을 모두 빼앗길까봐 겁을 먹고 소년은 꼼짝도 하지 못했다. 소년을 발견한 인민군들은 가까이 오라고 손짓을 했다. 소년은 뒤도 돌아보지 않고 도망을 치고 싶었지만 다리가 움직이지 않았다. 그들 중의 한 병사가 다가와 물었다.

"보따리에 든 것이 무엇이냐?"

"과, 과일인데요."

"어디서 가져오는 것이냐?"

"하, 할아버지가 주셨어요."

소년은 솔직히 말할 수가 없었다. 텅 빈 과수원에서 가져왔어도 훔친 것은 분명했기 때문이었다.

"과일이라고?"

그들 중의 또 한 명이 다가와 물었다. 꼼짝없이 빼앗기게 생겼다고 생각한 소년은 울상을 지었다.

"그것 좀 우리한테 팔 수 없겠니? 아니면 이 쌀과 바꾸던가?"

그들 중의 또 다른 한 명이 자루 속의 과일을 살펴본 뒤 쌀 포대를 들어 보이며 말했다. 소년은 잠시 멈칫하다가 말했다.

"좋아요. 필요하시다면 찐빵도 갖다드릴 수 있어요."

소년은 어머니가 찐빵을 자주 만들어 주시던 생각이 나서 무심코 내뱉은 말인데 의외로 반응이 좋았다.

"조그만 녀석이 제법인데, 내일 우리가 먹을 수 있을 만큼 찐빵을 가져오면 이 쌀을 오늘보다 배로 주마."

소년은 쌀 포대를 넘겨받고 뺏길세라 집을 향해 달려갔다. 집에 도착하여 어머니께 사정을 설명하자 어머니는 크게 기뻐하셨다.

소년은 다음날 어머니께 찐빵을 만들어 달라고 부탁했다. 어머니가 만들어 주신 모락모락 김이 나는 찐빵을 들고 인민군이 있는 곳으로 갔다. 그들은 소년을 반겼다. 인민군들은 전날보다 더 많은 쌀을 주었다. 소년은 거기에 머물지 않고 이곳저곳을 돌아다니며 찐빵을 팔기 시작했다. 소년의 집에 쌀이 쌓였다. 그렇게 모은 쌀 덕분에 소년의 가족은 전쟁통에도 굶지 않고 견딜 수 있었다.

인민군이 물러가고 국군과 미군이 서울로 들어왔다. 소년의 장사는 계속되었고, 인민군과 국군과 미군을 굳이 가릴 필요도 없었다. 소년을 딱하게 생각한 군인들은 군대 야전식량으로 쓰이는 건빵을 건네기도 했다. 그렇게 사는 동안 코스모스도 지고 겨울이 찾아왔다.

"인민군이 다시 쳐들어온다는구나. 이번에는 중공군도 함께 몰려온다니 어서 피난을 가야겠다."

어머니는 짐을 꾸리며 다급하게 말했다. 소년은 조금이라도 장사를 더 해야겠다 싶어서 어머니께 말했다.

"저는 나중에 내려갈게요. 어머니 먼저 내려가 계세요."

"애야 무슨 소리냐 다치면 어쩌려고?"

어머니는 놀라 나무랐지만 소년은 고집을 꺾지 않았다. 대전에서 만나기로 하고 소년은 가족과 헤어졌다.

인민군과 중공군이 다시 서울로 들어왔다. 그러나 이번에는 분위기가 사뭇 달랐다. 중공군들은 헐벗었고, 쌀도 없었으며 그의 물건을 사줄 형편이 아니었다. 소년은 하는 수 없이 대전으로 향했다.

걸어서 대전에 도착한 소년은 간신히 가족을 만났다. 사람들은 누구나 먹을 것이 없어 궁핍했고, 소년네도 상황은 크게 다르지 않았다. 그래서 소년은 장사를 하러 다시 길거리로 나섰다. 소년은 어머니가 만들어 주신 김밥을 들고 대전역 근처로 나갔다. 허기진 사람들에게 쉽게 팔 수 있었다. 그리고 김밥을 판 돈으로 대전 시외에 있는 신도안이라는 곳에서 받아온 엿을 팔기 시작했다. 역 앞과 대합실에서만 엿을 팔자니 직성이 풀리지 않았다. 소년은 몰래 울타리를 넘어가 플랫폼에서도 엿을 팔았다. 수입은 훨씬 좋아졌다. 소년은 거기에 그치지 않고 열차에 올라타서 엿을 팔기 시작했다. 당연히 수입이 늘 수밖에 없었다.

“누가 열차 안에서 엿을 팔래? 너, 일루와.”

어느 날, 열차 승무원이 고함을 질렀다. 붙잡히면 엿은 물론이고, 목판마저 빼앗길 것이 분명했다. 소년은 후다닥 뛰기 시작했다. 가까스로 기차에서는 뛰어내렸지만 기차가 서서히 움직이기 시작했다. 승무원은 뒤에서 소리를 지르며 쫓아오고 있었다. 하는 수 없이 소년은 움직이기 시작한 기차의 바퀴 사이로 뛰어들었다. 아슬아슬하게 반대편으로 몸을 날렸다. 소년은 다행히 다치지 않았고, 가속이 붙기 시작한 열차가 가로막았기 때문에 승무원은 소년을 놓칠 수밖에 없었다.

전쟁 중이라 입을 옷도 별로 없었지만 소년은 중학교 교복을 주로 입고 다녔다. 전쟁 나기 전에 경복중학교에 다녔기 때문에 모자에는 중학교 모표가 붙어 있었다. 그러다 길을 가던 군인 한 명이 소년 앞에서 우뚝 멈춰 섰다. 군인은 소위 계급장을 달고 있는 장교였다. 그 장교는 소년에게 다가와 물었다.

“너, 경복중학교에 다녔니?”

"네, 그런데요?"

"혹시 김영철이라는 아이를 아니?"

"어, 영철이요? 저랑 같은 반이었는데요."

"정말이니? 영철이는 내 동생이란다."

"정말이세요?"

"반갑구나. 이런 데서 만나다니."

무슨 말을 하려다가 장교는 갑자기 입을 다물었다. 잠시 뜸을 들이더니 장교가 말했다.

"그 엿을 모두 싸줄 수 있겠니?"

"이 많은 엿을 전부요?"

"그래. 전부 다."

장교는 엿을 모두 싸들고 셈을 치른 다음 소년의 머리를 쓰다듬고는 떠났다. 소년은 장교가 떠나간 곳을 바라보며 친구 영철이의 안부를 묻지 않은 것이 마음에 걸렸다.

전쟁통을 바람같이 누비며 엿을 팔던 어느 날 길을 가던 간호장교 한 명이 소년 앞에 멈춰 섰다.

"너, 고생하는구나."

소년은 간호장교의 말에 얼굴이 붉어졌다. 지나가던 사람들이 간호장교를 흘끔흘끔 쳐다볼 정도로 간호장교는 예뻤다.

소년이 대답도 하지 못하고 우물쭈물할 때 간호장교가 불쑥 돈을 내밀었다. 대충 보아도 큰돈이었다. 소년은 본능적으로 몸을 틀었다.

"괜찮아, 받아도 되는 돈이야."

간호장교는 막무가내로 소년의 주머니에 돈을 밀어 넣었다. 소년은 목판에 있는 모든 물건을 싸서 간호장교에게 내밀었다. 간호장교는 손을 내저었다.

"그건 네가 팔아서 쓰려무나. 그럼 안녕!"

막을 사이도 없이 간호장교는 소년에게서 멀어져 갔다. 소년은 한참이나 멍하니 서서 간호장교가 떠나간 곳으로 하염없이 눈길을 주었다.

소년은 어머니와 그동안 모은 돈으로 여러 가마니의 쌀을 샀다. 쌀을 사서 먼 곳에 가서 팔면 큰 이문을 남길 수 있다는 얘기를 들은 터였다. 소년은 어머니와 함께 그 쌀을 싣고 화물열차에 올랐다. 쌀가마니 위에 앉아 추위에 떨며 며칠 밤을 새워 경상도 구포역에 도착했다. 구포역에서는 소달구지를 구해 쌀을 싣고 그 주변에서 제일 크다는 싸전을 찾아갔다.

여인과 소년이 무거운 쌀을 싣고 찾아온 것을 본 싸전주인 할아버지는 혀부터 끌끌 찼다. 그러더니 할아버지는 소년의 머리를 쓰다듬으며 말했다.

“너, 참 착하고 용하구나. 가져온 쌀은 값을 많이 쳐줄 테니 전부 놓고 가시게.”

싸전주인 할아버지의 배려로 한꺼번에 쌀을 모두 팔아 상당한 이문이 남았다. 그렇게 전쟁 속에서도 꽃은 피었다. 과일과 찐빵을 팔아주던 인민군도, 아낌없이 건빵을 내밀던 국군도, 엿을 한꺼번에 다 팔아준 친구의 형도, 고생한다며 돈을 내밀던 간호장교도, 쌀을 한꺼번에 팔아준 싸전주인 할아버지도 소년에게는 마음속에서 피는 꽃이었다.

헤엄쳐라, 가라앉지 않으려면

소년은 지프를 타고 가면서 뒤돌아보았다. 사령관은 손을 흔들고 있었다. 그러나 소년은 울지 않았다. 소년은 다시 뒤를 돌아보았다. 사령관은 보이지 않았다. 그때서야 소년은 엉엉 소리 내어 울기 시작했다.

이윽고 소년은 대전 공설시장에 나가 양키 물건을 내다 팔기 시작했다. 시장 바닥에 큰 멍석과 돗자리를 펴놓고 백여 가지가 넘는 물건들을 진열한 다음 하나하나 큰 소리로 외쳐가면서 신나게 팔았다.

하루는 소년이 물건을 사러 미군 제1군단이 주둔해 있던 동네로 가보니 그날 부대가 이동하고 있었다. 짐을 실은 차량들과 군인들이 탄 차들이 쭉 서 있었다. 소년은 맨 앞에 있는 지프차로 다가가 그 지프차에 타고 있는 미군 장교에게 말을 걸었다. 중학교에 들어가 배운 짧은 영어로 몇 마디 단어를 외워 보았다.

"아이 유우어 하우스보이 오케이?"

그러자 키다리 양키아저씨는 소년의 두 눈을 한참 꼼꼼히 들여다보았다. 그리고는 차에서 내리면서 소년에게 자기 지프차 뒷좌석으로 올라타라는 몸짓을 했다. 그래서 소년은 서툰 영어지만 배운 단어 몇 개를 더 주워섬겼다.

“웨이트 어 모우먼트. 아이 마스트 고 앤드 스피크 투 마더.”

그랬더니 이번에는 그의 큰 두 손으로 그를 번쩍 들어 자기가 앉았던 앞자리에 앉혔다. 그리고는 운전병한테 뭐라고 떠들었다. 그러자 운전병은 큰 소리로 외쳤다.

“예써!”

운전병은 거수경례를 부친 후 차를 몰았다.

“웨어 웨어 유어 마더?”

운전병은 운전을 하면서 영어로 물었다. 소년은 손가락으로 방향을 가리켜 시장으로 향했다. 소년은 어머니가 노점을 하고 있는 시장으로 가서 어머니께 말씀을 드린 후 그날부터 미군부대를 따라다니기 시작했다.

소년은 누가 시키지 않아도 장교들과 사병들의 구두도 열심히 닦고 여러 가지 일들을 부지런히 하다 보니 귀여움을 많이 받기 시작했다. 소년은 미군 장사병들이 시도 때도 없이 주는 초콜릿이며 껌, 과자 등 별의별 것들을 하나도 먹지 않고 모았다가 어머니께 갖다드렸다.

동두천 인근에 머물러 있던 미군부대가 서울로 이동했다. 미군부대가 성동중학교 자리에 주둔하게 되자 소년은 아침 일찍 일어나 할 일을 다 해놓고 학교에 다녔다. 임시로 세워진 동부훈육소라는 중학교였다. 그러다 다시 부대가 영등포로 이동해서 소년은 영등포종합중학교를 다녔다.

이 키다리 양키아저씨의 계급은 대령이었다. 그는 고전 서양음악을 즐겨들었다. 소년도 사령관의 취향을 따라 클래식에 빠져 들었다. 사령관은 클래식을 즐겨듣는 소년에게 입버릇처럼 말했다.

"네가 음악을 공부하겠다면 미국의 줄리아드음대에 꼭 보내주마."

얼마 후, 제 자식처럼 소년을 사랑해주던 부대사령관이 한국에서의 근무기한을 마치고 미국으로 귀국하게 되었다는 소문이 퍼졌다. 소년은 믿을 수 없었으나 우울한 기분을 어쩔 수는 없었다. 가슴이 허전해 지면서 뭔지 모를 불안에 휩싸여 기운을 차릴 수가 없었다. 일찍이 느껴보지 못한 격한 감정도 일어나곤 했다.

어느 날, 사령관이 소년을 찾았다. 소년은 결코 약한 모습을 보이지 않겠다고 다짐하며 사령관과 마주 앉았다.

"난 미국으로 돌아간단다. 한 가지 제안이 있는데 받아들일 수 있겠니?"

"제안이 뭔데요?"

"난 너를 친자식처럼 생각한단다. 나와 함께 미국으로 간다면 양자로 입양을 시키고 공부를 시켜주겠다. 너의 생각은 어떠니?"

"그렇게 생각해 주시니 고맙습니다. 그렇지만 어머니께 물어봐야 돼요."

"그래? 어머니는 어디에 계시지?"

"대전에 계세요."

"그러면 시간을 줄 테니 대전에 갔다 오거라."

"고맙습니다."

다음날, 소년은 대전으로 향했다. 어머니는 기쁘게 맞아주셨다. 그러나 소년은 어머니의 얼굴을 보자 맥이 탁 풀렸다. 차마 미국에 가게 되었다는 말이 입 밖으로 나오지 않았다. 뜬눈으로 밤을 새우고 소년은 부대로 돌아왔다.

"죄송합니다. 제가 미국에 가는 걸 어머니가 반대하셔요."

소년은 사령관에게 거짓말을 내뱉고 나자 가슴이 뭉클했다. 억제하기 힘든 감정이 바닥에서부터 턱 밑까지 밀려왔다. 사령관은 한동안 아무 말도 하지 않았다. 무거운 침묵이 흘렀다.

그러다 사령관이 벌떡 일어나 전화기 앞으로 다가갔다. 그리고는 한참 동안 통화를 했다. 통화를 끝낸 사령관은 소년에게 다가와 이마에 입맞춤을 했다.

"그래 알았다. 한국에서 잘 지내라."

사령관이 떠나는 날 아침이었다. 어떤 다른 부대 미군 운전병이 지프를 몰고 소년을 데리러 왔다. 사령관은 소년의 좁은 어깨를 양손으로 붙잡은 채 말했다.

"잘 아는 친구에게 널 부탁했다."

사령관은 눈물을 글썽거렸다. 그러나 소년은 울지 않았다. 약한 모습을 보이지 않겠다고 다짐하고 또 다짐했던 것이었다. 소년은 지프를 타고 사령관에게서 멀어져갔다. 소년은 지프를 타고 가면서 뒤돌아보았다. 사령관이 손을 흔들고 있었다. 그러나 소년은 울지 않았다. 소년은 다시 뒤를 돌아보았다. 사령관은 보이지 않았다. 그때서야 소년은 엉엉 소리내 울기 시작했다.

소년이 지프를 타고 따라간 곳은 뜻밖에도 대전이었다. 소년을 맡아주기로 한 사람은 CAC(유엔의 한국원조기구) 사령관으로 그도 미 육군 대령이었다. 사령관만 미군 현역 장교이고 나머지 임원들은 유엔 여러 나라 민간인들이었다. 이들의 숙소가 서대전에 있었다. 사령관 숙소에는 이미 하우스보이라고 부르기에는 너무 어른 같은 사람이 한 명 있었고, 며칠 전에 부사령관 숙소에 있던 하우스보이가 도둑질을 하고 떠나버려 소년이 부사령관 숙소에 있게 되었다.

소년은 또 부사령관의 배려로 대전의 피난종합학교에 다닐 수 있었다. 부사령관은 제2차 세계대전뿐만 아니라 제1차 세계대전에도 참전했던 영국군 퇴역 대령으로 다리에는 일본군의 총검에 찔린 흉터가 남아 있고 몸속에 빼내지 못한 총알이 박혀 있다고 했다. 퇴역 후 뉴질랜드의 주지사도 지낸 그도 소년을 무척 사랑하고 귀여워해 주었다. 부사령관은 미군 장교 클럽에 소년을 데리고 가 테이블 위에 세워놓고 소년에게 영어로 연설을 시키기도 했다.

"꼬마야, 내가 영국으로 떠나면 함께 가자. 네가 원하면 옥스퍼드대학에도 진학할 수 있어."

부사령관도 소년에게 입버릇처럼 그렇게 말했다.

미군부대 하우스보이로 일하면서 피난종합학교를 다닐 무렵 소년은 거기서 다른 한 하우스보이 친구를 만났다. 소년은 말을 잘 못하고 더듬거리는데 그는 청산유수로 박식하게 말을 잘했다. 어떻게 그토록 말을 잘할 수 있느냐고 소년이 물으니 친구가 대답했다.

"교회를 다녀 봐."

"교회?"

"그래. 기독교인 치고 말 못하는 사람이 없어. 특히 부흥목사님들이 말씀을 잘 하시거든. 나랑 함께 가볼래?"

소년은 망설였으나 친구를 따라 부흥회에 갔다. 부흥회에 대한 인상은 기대 이상이었다. 한창 감수성이 예민한 나이여서였는지 아니면 어려서부터 무슨 일에나 지나치게 열중하는 성격과 습성 때문이었는지 소년은 광신적으로 예수를 믿기 시작했다.

부흥목사님들 말씀이 우리 육신이 살기 위해서는 숨을 쉬고 밥을 먹고 운동을 해야 하듯이 우리 영혼이 살기 위해서는 숨쉬듯 기도하고 밥 먹듯 성경을 보고 운동하듯 전도하라는 것이었다. 소년은 이 말을 문자 그대로 실천하기 시작했다. 거의 매일 밤마다 부흥회를 찾아 철야기도다 금식기도다 해가면서 학교 친구들은 물론 만나는 모든 사람들에게 전차나 버스 그리고 길거리에서까지 전도지를 나눠주며 전도하기 바빴다. 학교에 가서도 점심시간이면 학교 뒷산에 올라 기도하고 성경책을 보며 찬송가를 부르느라 정신없었다. 그러다보니 소년은 사춘기도 잘 모르고 시간이 흘렀다.

그러던 어느 날, 부사령관이 쓰러졌다. 부사령관은 술과 담배를 많이 해서인지 귀국 날짜를 육 개월 앞두고 암으로 세상을 떠났다. 소년은 울지 않았다. 어느덧 부성에 대한 감정은 무뎌지고 있었다. 소년은 서울로 올라와 경복고등학교에 복교했다. 시간은 흘러 소년은 청년이 되었다. 그가 어려서부터 주문 외듯 조잘대던 '사슴'의 노래를 부르면서…….

우리 삶은 꿈이어라

꿈이어라 꿈이어라
우리 삶은 꿈이어라.
꿈속에서 꿈꾸는
우리 삶은 꿈이어라.
우리 삶이 꿈이라면
우리 서로 사랑하는
가슴에 수놓는
사슴의 꿈이어라.
우리 삶은 꿈이기에
꿈인 대로 좋으리라.
우리 삶이 꿈 아니라면
그 어찌 사나운 짐승한테

갈가리 찢기우는 사슴의
슬픔과 아픔을 참아
견딜 수 있을까
숨이어라 숨이어라
우리 삶은 숨이어라.
숨 속에서 숨쉬는
우리 삶은 숨이어라.
우리 삶이 숨이라면
우리 모두 하늘 우러러 숨쉬는
사슴의 숨이어라.
우리 삶은 숨이기에
숨인 대로 좋으리라.
우리 삶이 숨 아니라면
그 어찌 사나운 비바람
천둥 번개 무릅쓰고 뛰노는
사슴의 기쁨과 즐거움을
마냥 맛볼 수 있을까
우리 서로 사랑하는
가슴이 준 말
'사슴' 이 되어라.

3부 : 합창

필연의 기적

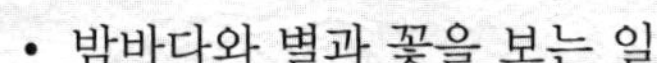

- 밤바다와 별과 꽃을 보는 일
- 두 알의 앵두가 상징하는 것
- 어항 속의 금붕어
- 구세대를 고발하노라
- 이슬방울 속의 코스모스
- 사랑했으므로 행복하였네라

밤바다와 별과 꽃을 보는 일

사랑은 애원도 요구도 해서는 안 된다. 사랑은 사랑이 반드시 이루어질 것이라는 확신에 도달할 수 있는 신념과 용기, 열정과 정열이 있어야 가능하다. 이때 비로소 끌리는 동시에 끌어당기기 시작한다.

밤바다에 달이 돋고 별이 쏟아지고 있었다. 바닷가에서 불어오는 바람에는 소금기와 함께 비린내가 묻어 있었다.

바닷가에 사내가 나타났다. 사내는 어깨를 늘어뜨린 채 휘청거리며 걷고 있었다. 세찬 바람, 변함없이 떠 있는 달, 그리고 밤하늘에 널려 있는 별들이 하나둘씩 사내의 눈에 들어왔다. 어느 날, 갑자기 보이지 않던 것이 눈에 들어오는 것은 정말로 한 조종사가 사막에서 어린왕자를 만나는 일과 다를 바가 없었다.

"아저씨, 안녕."

어린왕자가 기다렸다는 듯이 사내에게 인사를 했다.

"안녕. 왜 너는 아직도 그대로니?"

그러나 어린왕자는 사내의 물음에는 대답도 하지 않고 자신의 말만 이어 나갔다.

"지구의 밤바다도 참 아름다워요. 저 밤바다가 아름다운 것은 별이 있기 때문이에요."

"그럴 수도 있겠구나. 그런데 넌 아직 너의 별로 떠나지 않았구나?"

사내가 그렇게 말했지만 어린왕자는 여전히 다른 말만 했다.

"우리에게 보이지 않는 꽃 때문에 별들은 아름다운 것이에요."

사내가 대답하기도 전에 어린왕자는 이번에도 자기의 말만 했다.

"참, 제가 만난 여우가 그런 말을 했어요. 잘 보려면 마음으로 보아야 한다. 가장 중요한 것은 눈에 보이지 않는다고요. 아저씨는 코스모스를 만나셨나요?"

"그랬지. 만났지만 떠나버렸지. 코스모스는 저 밤바다에 머물고 있을지도 몰라."

"여우의 말을 믿으세요. 코스모스를 위해서 아저씨가 허비한 시간 때문에 코스모스는 그렇게 소중해진 것이에요."

"그럴 수도 있겠지. 집이건, 별이건, 밤바다건, 코스모스건 그 아름다움은 눈에 보이지 않는 것에서 오는 것이겠지."

사내는 머릿속이 복잡했다. 그는 알고 있었다. 나쁜 것도 더러운 것도 거짓된 것도 무서운 것도 모르는 어린아이의 맑고 깨끗한 눈으로 세상을 바라보아야 한다는 것을. 아이의 눈으로 세상을 보아야 만남의 기쁨과 헤어짐의 슬픔을, 그리고 시간과 공간의 거리를 뛰어넘는 사랑을 나누게 해준다는 것을. 뿐만 아니라 세상 만물의 존재가치와 존재이유를 깨닫게 해준다는 것을.

"같은 이슬이라도 매미가 먹으면 노래가 되고, 벌이 먹으면 꿀이 되지만 뱀이 먹으면 독이 된다는 말이 있단다. 그렇지만 뱀이 가지고 있는 독조차 어딘가 쓸모가 있을 거야. 문제는 어른들에게는 아이의 눈이 없다는 게 문제지."

사내는 떠나간 코스모스가 떠올라 가슴이 답답해졌다. 사내는 생각했다.

아, 정녕 우리의 만남과 헤어짐이
그 어느 누구의 뜻과 섭리에서인지 알 길 없지만
너와 내가 마주쳤다 떨어짐도
저 별들의 반짝임처럼
우리 눈 한 번 깜박임이 아닐까.

봄-여름-가을-겨울 계절 따라
눈, 비, 바람 불어 오가는 것이
그 어떤 까닭인지 알 수 없지만
저 풀잎에 맺히는 밤이슬과 서리
아침 햇볕에 녹아 스러지듯
우리 숨 한 번 맺혔다 지는 게 아닐까.

"잘 보려면 마음으로 보아야 한다고 했던가? 가장 중요한 것은 눈에 보이지 않는다고 말이야."

"그래요. 제가 만난 여우가 그랬어요. 저도 동감이에요."

"너는 여우가 한 말을 내게 해줬으니 나는 옛날에 책에서 읽은 이야기를 하나 해줄까?"

"좋아요. 무슨 내용인데요?"

"별을 사랑한 한 젊은이의 이야기야. 지구인 중에 헤세라는 사람이 쓴 『데미안』이라는 소설에 나오는 이야기지."

"별을 사랑한 젊은이의 이야기라면 너무 재미있을 것 같아요."

"데미안의 엄마인 에바 부인이 아들 친구 싱클레어에게 이런 이야기를 들려주었단다. 한 젊은이가 있었어. 이 젊은이는 하늘의 별을 사랑하게 되었대. 자나 깨나 그 별 생각뿐이었다는 거야. 늘 꿈까지 꾸면서……. 그렇지만 아무리 사모해도 인간이 하늘의 별을 자기 품에 안을 수 없다는 것을 그는 알고 있었대. 그러나 이루어질 수 없는 사랑을 하는 것이 자신의 운명이라 생각하고 이러한 운명이 가져오는 고뇌와 자학을 통해 젊은이는 자신을 정화하고 순화시키려 했다는 거야.

그러던 어느 날 밤, 바닷가 높은 절벽에 서서 별을 바라보며 그리움이 온 몸에 사무치는 순간 젊은이는 별을 향해 몸을 던졌대. 그 순간 이것은 불가능한 일인데 라는 생각이 떠오르자 젊은이는 바닷가에 추락하고 말았지. 젊은이는 사랑하는 법을 알지 못했어. 몸을 던지는 순간 그의 사랑이 이루어질 것을 굳게 믿었었다면 젊은이는 하늘 높이 솟아올라 별과 결합했을 거야……. 에바 부인은 또 다른 얘기를 하기 시작했어.

이번에도 짝사랑하는 이야기였지. 실연당한 이 젊은이에게는 푸른 하늘도 녹색의 숲도 보이지 않았대. 시냇물 소리도 들리지 않고 좋아하던 음악 소리조차 즐겁지가 않았다는 거야. 세상만사 숨 쉬고 사는 것이 다 무의미해졌어. 부유하고 행복하던 젊은이는 가난하고 비참해졌대. 그럴수록 그의 사랑은 더해 갔다는구나. 짝사랑하는 여인을 단념하느니 차라리 젊은이는 파멸과 죽음을 원했다는 거야.

그런데 타오르는 젊은이의 정열의 불길이 그의 심신을 다

태우고 더욱 강렬해지면서 이 젊은이를 숯덩이 자석처럼 만들었다는 거야. 그러자 눈부시도록 아름다운 여인이 그의 자력 같은 매력에 끌려 그에게 다가왔대. 두 팔을 벌려 여인을 끌어안는 순간 잃어버린 모든 것을 그는 되찾게 되었다는 거야. 여인이 젊은이의 품에 안기자 모든 것이 새롭고 찬란하게 되돌아왔대. 한 여인을 얻은 것이 아니고 온 천하를 얻은 것이지.

하늘의 모든 별들이 그의 눈 속에서 빛나고 더할 수 없는 기쁨이 그의 몸속으로부터 샘솟았대. 사랑을 했고, 사랑함으로써 그는 자신을 찾았어. 마지막으로 에바 부인은 아들의 친구에게 말했대. 사랑은 애원도 요구도 해서는 안 되고 사랑은 반드시 이루어질 것이라는 확신에 도달할 수 있는 신념과 용기, 정열이 있어야 가능하다고. 이때 비로소 끌리는 동시에 끌어당기기 시작한다고 말이야."

사내가 이야기를 하는 동안 어린왕자는 잠들어 있었다. 사내는 어린왕자 옆에 누워 밤하늘의 별을 보았고, 가슴 속에 피어나는 코스모스를 떠올렸다. 그리고 사내는 기억 속에서 청년 시절로 돌아가고 있었다.

두 알의 앵두가 상징하는 것

코스모스는 자신이 한 행동이 어떤 일을 저지른 것인지 전혀 알지 못하는 것 같았다. 청년은 코스모스가 건넨 앵두 두 알이 소녀의 순결한 동정의 상징으로 여겼고, 앵두 두 알을 받아 쥔 청년의 손은 파르르 떨리고 있었다.

청년이 대학을 졸업하고 군에 갔을 때 같은 부대의 한 전우에게 매주 이대학보가 우송되었다. 이화여대에 다니는 그의 여자 친구가 보내주는 것이었다.

하루는 심심풀이로 이대학보 한 장을 전우로부터 얻어 보니 〈편지〉라는 글이 실려 있었다. 칼럼의 반은 교수가 쓴 글이었고, 또 다른 반은 여학생이 쓴 짤막한 글이었다. 교수가 쓴 글의 요지는 자기도 젊었을 때는 낭만적인 편지를 쓰기도 하고 받기도 했는데 나이를 먹고 보니 사무적인 편지밖에는 주지도 받지도 못하게 되었다는 내용이었다.

여학생의 글은 도발적이었다. 우리가 평상시 대화를 통해서도 그렇지만 편지로는 더 많은 거짓말을 하는 것 같다고 선언

하고 있었다. 여학생은 아마도 인간의 약점을 미화시키려는 우리 모두의 본능적 노력일 것이라고 풀이했다. 아울러 한 가지 분명한 것은 최소한 편지 쓰는 순간만큼은 받을 사람을, 편지를 받아 읽는 순간만큼은 보낸 사람을 생각하게 될 것이라는 내용이었다.

아무리 짧은 글이라도 그 글에 글쓴이의 인격과 개성이 나타나는 법이었다. 청년은 이 글을 쓴 여학생이 솔직하고도 겸허한 마음과 성격의 소유자임에 틀림없을 것이라는 확신을 갖게 되었다. 바로 이 여자다! 내가 꿈꾸던 구원의 코스모스. 이렇게 단정하고 청년은 여학생에게 연애편지를 쓰기 시작했다.

코스모스가 빨리 꼭 받아볼 수 있도록 등기 속달 우편으로 편지를 보냈다. 편지뿐만 아니라 청년이 좋아하는 윤동주의 『서시』, 김소월의 『초혼』, 윌리엄 워즈워드의 『내 가슴 뛰놀다』를 비롯해 윌리엄 블레이크의 『천진무구함』에서 인용한 '모래 한 알에서 세계를, 들꽃 한 송이에서 천국을 볼 수 있도록 한 손에 무한을, 한 순간에 영원을 잡으리라' 같은 시구들을 나무판에 정성껏 새겨 보내기도 했다. 뿐인가. 베토벤 교향곡 전집, 슈베르트의 『겨울 나그네』, 모차르트의 『요술피리』, 흑인영가선집 등 레코드판은 물론 포터블 전축까지 선물로 보냈다.

시간은 흘렀지만 그러나 답장은 없었다. 상심하고 있던 어느 날 드디어 답장이 왔다. 육 개월 만이었다. 여학생의 집주소가 겉봉에 적혀 있었다. 고대하던 주말에 외출을 나간 청년은 가슴 설레며 상상으로만 그리던 코스모스의 집을 찾아갔다.

코스모스를 처음 만났을 때 청년은 숨이 막혔다. 첫 상봉의 그 황홀함이란 정말 말로 표현할 길이 없었다. 코스모스의 아버지는 주옥같은 시를 쓰던 문인이었는데 육이오전쟁 때 납북되셨다고 했다. 코스모스는 소설가인 어머니를 모시고 여동생과 교외에 있는 그림 같은 집에 살고 있었다.

코스모스는 흥분해 있었다. 그동안 청년의 편지를 받으면서 청년을 모델로 쓴 단편소설 『푸른 제복의 사나이』를 유한양행에서 발행하던 월간잡지 『가정생활』 신춘문예 공모에 응모했었는데 입선했다는 통지를 방금 받았다는 것이었다. 그리고 코스모스는 덧붙였다.

“받게 될 상금으로 월간지 『사상계』를 구독 신청해서 부대로 보내드릴게요.”

며칠 후, 청년은 코스모스에게 줄 파카 만년필 선물세트를 사들고 시상식장에 찾아갔다. 그러나 어찌된 영문인지 수상자 본인이 시상식장에 나타나지 않았다.

"혹시 수상자의 집을 알고 있는 분이 계십니까?"

"제가 아는데요!"

"아, 다행이군요. 그러면 이 상장과 상금을 전해주실 수 있겠습니까?"

"네. 그러죠."

청년은 상장과 상금을 받아들고 코스모스의 집으로 가서 전달했다.

청년이 세 번째로 코스모스의 집을 방문했던 날, 초여름 밤비가 내리고 있었다. 뜰에 있는 앵두나무에서 코스모스는 앵두 두 알을 따 청년의 손에 쥐여 주었다. 코스모스는 자신이 한 행동이 어떤 일을 저지른 것인지 전혀 알지 못하는 것 같았다. 청년은 코스모스가 건넨 앵두 두 알이 소녀의 순결한 동정의 상징으로 여겼고, 앵두 두 알을 받아 쥔 청년의 손은 파르르 떨리고 있었다.

청년은 코스모스가 들고 나온 우산을 같이 쓰고 서로 가쁘고 뜨거운 숨을 나누었다. 청년은 버스 타는 곳까지 코스모스의 배웅을 받았다. 그리고 그 다음 주말 다시 만날 약속을 하고 아쉬운 작별을 고해야 했다.

어항 속의 금붕어

청년은 한국군 카투사들의 집단 몰매를 맞고 병원에 누워 있어도 그리 서럽거나 괴롭지 않았다. 그날 밤, 코스모스로부터 받은 너무너무 감미로운 앵두 두 알을 가슴에 지니고 있었기 때문이었다.

청년은 코스모스와 헤어져 용산에서 부대로 돌아가는 마지막 미군 버스에 올랐다. 청년의 가슴 주머니에는 코스모스가 건네준 앵두 두 알이 있었다. 버스는 술에 취해 쉴 새 없이 떠들어대는 한국군 카투사들로 초만원이었다. 미군은 단 한 명만이 눈에 들어왔다.

"저 양키 혼자 있잖아, 기분도 좋지 않은데 패 버릴까?"

"아, 재수 없는 놈들."

"그래그래. 양키 놈들은 죄다 재수가 없어. 지네 나라로 꺼져버리라고 해."

한국군 카투사들은 너나할 것 없이 얌전히 앉아 있는 미군 병사를 향해 욕을 퍼붓기 시작했다. 한국군 카투사들은 어느 정도 영어를 할 줄은 알지만 한국말로만 욕을 해대고 있었다.

"그만들 합시다, 비겁하잖소."

청년의 입에서 저도 모르게 말이 튀어나왔다. 그러자 한국말로만 미군을 향해 욕지거리를 하던 카투사들이 일제히 입을 다물었다. 이윽고 누군가가 소리 질렀다.

"뭐, 비겁하다고? 다시 한 번 말해봐."

"우리 모두 카투사잖소. 한국말로만 미군에게 욕하는 것은 비겁하단 말이오."

청년이 대답하자 누군가가 또 외쳤다.

"거기, 운전사, 차 세워!"

영문도 모르는 운전사가 차를 세우자 한국군 카투사 대여섯 명이 청년을 끌어내렸다. 차 밖으로 끌려나온 청년은 한국군 카투사들로부터 가타부타 말도 없이 몰매를 맞기 시작했다. 주먹이 날아와 얼굴에 박히고, 발길질이 난무했다. 청년은 고스란히 뭇매를 맞았다.

청년이 정신을 차리고 눈을 떴을 때는 미군 병실이었다. 얼굴은 퉁퉁 부어 있었고, 온몸에는 멍이 들어 있었으며, 붕대까지 칭칭 감고 있었다. 수많은 주먹질과 발길질이 하나하나 떠올랐다. 청년은 분하다는 생각보다 한국군 카투사들이 가엾다는 생각이 앞섰다. 청년은 한국군 카투사들이 평소에 미군들로부터 갖은 천대와 모욕을 당하고 산다는 것을 잘 알고 있었다. 그들은 아마 술기운을 빌려서라도 분풀이 화풀이를 하고 싶었을 것이다.

1961년 2월, 자원하여 군에 입대한 청년은 논산에서 훈련을 받고 부관학교를 거쳐 수도사단 비행참모부에 배속되었다. 바다에 몸을 던진 후유증으로 척추 수술을 받고 코르셋을 한 몸으로 입대한 까닭에 청년은 논산훈련소에서도 또 부관학교에 가서도 심한 훈련은 받지 않았다. 그런 탓인지 청년은 교관과 훈련병들로부터 해인사 주지라는 별명을 얻었다. 미군과 한국군 정찰기와 헬리콥터가 많이 이착륙하는 비행장에 근무하면서 청년은 미군과 한국군 장교들 사이의 통역을 맡았다.

그러던 어느 날, 당시 미8군 사령관의 눈에 띄어 청년은 주한미군에 소속된 한국군인인 카투사로 전속되었다. 청년이 복무하게 된 곳은 경기도 부천군에 있던 미화학창과 547공병단이었다. 이 부대에는 미군 외에 수백 명의 카투사, 그리고 한국 민간인들이 고용돼 있었다.

한국군에서 파견된 한국군 장교 한 명과 상사, 중사, 하사, 병장들 통솔 하에 카투사들은 부대의 모든 궂은일들을 도맡아 하고 있었다. 식당 식기를 닦거나 청소하는 일부터 풀 깎고 길

닦으며 짐 부리고 나르는 온갖 잡일들을 노예나 머슴같이 하고 있었다. '슬리키 보이즈' 라고 좀도둑들이라는 손가락질까지 받아가면서……. 그렇지만 한국군보다 비교도 안 되게 보급물자가 풍부했고, 생활시설이 좋고 편해서인지 카투사로 입대하지 못해 야단들이었다.

청년도 처음엔 일반 한국군 카투사들처럼 몹시 분개했었다. 미군의 너무도 노골적인 인종차별과 멸시를 눈뜨고 볼 수 없었고 모멸적인 언사를 들어줄 수 없었다. 이것이 다 약소민족의 설움이라면 설움이었다. 그러나 이러한 수모에 대해 정식으로 떳떳하게 항의하고 반박할 말이 없었다. 아닌 게 아니라 한국 사람들이 도둑질 등 나쁜 짓을 많이 하다 보니 미군도 할 말은 있는 셈이었다.

자신의 처신을 사납지 않게 해야겠다는 생각에서 청년은 카투사 전우들에게 공개서한을 돌렸다. 우리는 미국인이나 한국군인 이기 전에 사람으로서 인간답게 행동하고 살아야 사람대접도 받을 수 있지 않겠느냐며 미군에게 우리가 한국을 대표하는 훌륭한 민간사절이 되어보자고 했다.

그러자 청년은 부정부패와 모든 악습을 조장하고 지령해온 소령 이하 병장들까지 카투사 상급자들의 눈에 가시 같은 존재가 되었다. 청년을 신임하는 미군 사령관에게 간청해서라도 한국군으로 돌아가라는 경고장을 몇 차례 받았다. 그렇다고 청년은 혼비백산 달아날 수는 없었다.

"네 목숨 아깝거든 당장 그렇게 하라."

어느 날 저녁, 한 일당이 청년을 불러냈다. 입대하기 전 사회에서 좀 놀았다는 깡패 출신들과 태권도, 유도 유단자들로 구성된 하수인 일당이 청년을 부대 뒤 야산으로 끌고 갔다. 호랑이한테 물려가도 정신만 차리면 산다는 옛말을 잊지 않아서였는지 언제나 큰일을 당하면 청년은 정신을 더욱 바짝 차리곤 했었다.

초등학교 다닐 때 운동회 날이었다. 청군, 홍군으로 갈라 뛰는 릴레이 경주에서 팀의 마지막 주자로 뛰게 된 청년은 바로 전에 있었던 축구시합에서 유리조각에 발을 베어 한 발을 붕대로 감은 채 평소 실력보다 더 빨리 뛰어 팀을 승리로 이끌었었다. 피로 물든 붕대가 뛰는 동안 풀어져 승리의 테이프로 휘날리는 가운데 우레와 같은 박수를 받았다.

초등학교 때부터 기계체조로, 중학교에서는 유도, 대학에선 태권도로 단련했다지만 청년보다 체구도 크고 몽둥이, 칼까지 든 일당과 청년이 맞수가 될 수는 없는 형세였다. 하긴 유단자들과 자주 대결하면서도 청년은 급수나 단수를 따지 않았었다. 초단수를 고집해 단수를 초월해보겠다는 고집이기도 했다. 세상살이에서도 정직 이상의 책략이 없다든가, 무기교가 최상의 기교라 하지 않던가.

청년은 십여 명에게 둘러싸여서도 그들을 강자가 아닌 똘마니나 약골들로 볼 수 있었다. 싸울 때는 어떤 싸움에서든 주먹이나 칼을 휘두르고 총을 쏘거나 말 한 마디 입 밖에 내뱉기도 전에 이미 승부가 결정된다는 것을 그는 알고 있었다. 서로 마주보는 눈싸움에서 기가 먼저 죽는 쪽이 진다고 굳게 믿고 있었다. 몸집은 작아도 담기가 더 있었는지 청년은 일당을 일시에 제압했다.

한바탕 해치우고 청년은 부대로 돌아와 한국군 카투사 전원에게 투표로 신임을 물었다. 만일 대다수가 청년이 하는 일이 못마땅해 불신임 투표를 한다면 자진해서 떠나겠노라고 했다. 그랬더니 절대다수가 떠나지 말고 혁신적인 '과업'을 계속 추진 완수 해달라는 것이었다. 한국군으로 귀대 발령이 난 일당 중에서 청년을 찾아와 사정하는 하사관들은 미군 사령관에게 청원하여 발령을 취소시켜 부대에 남도록 했고, 파견대장만 추방되었다.

그 후로 부대에서는 떠나버린 카투사 대장 후임으로 다른 한국군 장교가 부임해오는 것을 거절하고, 청년을 일등병에서 2계급 특진시켜 책임 하사관(NCOIC)으로 임명하여, 대장 업무를 수행토록 했다. 자체 내부 수술을 마치고 카투사의 기강을 바로잡은 후 이번에는 미군을 상대로 청년은 싸울 수밖에 없었다.

청년은 카투사의 권익을 위해 한 번은 오만방자한 미군을 깨우쳐 보려고 모든 주한미군 장사병들에게 영문으로 공개서한을 띄웠다.

'미군이 한국에 주둔하고 있는 것은 미국의 국익을 위해서다. 미、소 냉전체제 하에 남한을 미국의 최전방 보루로서 확보하기 위한 것이지 구세주나 산타클로스처럼 자선을 베푸는 것이 아니다. 우리를 돕는다는 미명 하에 한국을 미국의 식민지화하거나 예속시키자는 것이 아니지 않는가? 한국인의 단점과 결점을 찾아 흉보면서 자존심을 짓밟아 반미 감정을 불러일으키자는 것은 더욱 아니지 않는가? 자신의 인격보다 제 부모나 나라의 힘을 과시하고, 뽐내고 허세부리는 것 같이 유치한 일이 어디 있겠는가. 정말로 큰 사람은 작고 미천한 소인을 대하는 태도에서 자신의 위대함이 나타나는 법이다. 어떤 선물이든 선물 그 자체보다 그 선물을 주는 방식이 그 사람의 인격을 더 잘 나타낸다는 것이다. 예수의 말처럼 사람은 빵만으로 사는 동물이 아니란 사실을 잊지 말자.'

반발을 예상했으나 반응은 의외로 좋았다. 청년은 카투사의 사기를 높이고 미군과 우의를 다지며 친목을 도모하고 군에 공헌 한 바가 컸다며 미군 사령관으로부터 감사 표창장을 받았다.

어쨌거나 청년은 한국군 카투사들의 집단 몰매를 맞고 병원에 누워 있어도 그리 서럽거나 괴롭지 않았다. 그날 밤, 코스모스로부터 받은 너무너무 감미로운 앵두 두 알을 그의 가슴에 지니고 있었기 때문이었다. 억만금보다 더 값진 보배를 얻은 사람이 한두 푼 잃고 손해 본들 대수는 아니었다.

구세대를 고발하노라

이번에도 인연이 닿지 않았는지 오페라 영창 가사처럼 '아! 그대였던가. 하늘에 별은 빛나건만…… 아무리 애쓰나 내 수고 헛될 뿐…… 그대의 찬 손'을 잡아 녹여 줄 수 없었다.

하늘 저편에서 황혼이 시작되고 있었다. 구겨진 습자지 위에 펼쳐지는 얇디얇은 한 장의 황혼이었다. 그렇게 쉽게 황혼은 청년 앞에 다가왔다. 청년은 코스모스로부터 청천벽력과도 같은 절교장을 받았다. 너무나 뜻밖이었다. 그것도 코스모스의 어머니에게 청년이 대학에서 종교철학을 공부했고 남동생은 고등학교만 나오고 대학에 가지 않았다는 말을 한 바로 그 다음날이었다.

대체 대학에서 뭘 배우는가. 만일 교만과 자만심만 길러주고 허영과 사치심만 키워주는 곳이 대학이라면 그런 인간 기생충을 대량생산하는 공장 같은 대학에 가지 않은 자신의 동생을 미쁘게 여길 뿐이라고 자신을 달래야만 했다. 그러한 대학에 갈 것을 아무에게도 권장하지 않을 것이며 결혼상대로 대학출신을 원치 않겠노라 청년은 굳은 결심까지 했다.

사실, 코스모스 어머니의 입장에서 보면 이해가 안 되는 것도 아니었다. 하고 많은 과목 중에 종교철학이라니……. 의학, 법학, 경제학 같은 실용성 있는 학문을 하지 않고 뭘 하겠다는 것이었을까. 신학이라도 했다면 신부, 목사라도 된다지만 아무짝에도 쓸모없는 공부를 했다는 사람이 곱게 키운 딸자식 데려다 밥조차 제대로 못 먹일 것 같았을 테니까.

"자네, 어느 대학 출신인가?"

처음에 코스모스를 집으로 방문했을 때 코스모스의 어머니는 청년에게 그렇게 물었다.

"네, 서울대 문리대 출신입니다."

청년은 그렇게 대답했다. 생각해보면 어느 대학 출신이냐고 물으니 서울 문리대 출신이라고 했기에 정치학과나 영문학과 정도 다닌 줄로 생각했을지도 모르는 일이었다. 가족 상황을 묻자 누이 한 사람이 외국 유학중이라기에 집안이 좋은 줄 알았는데 남동생이 대학에도 안 갔다니 기가 막힐 법도 했을 것이다. 딸의 장래를 걱정하는 마음에서 당장 청년과 절교를 하도록 종용했을 것이라는 짐작이 갔다.

전 같으면 언제고 상대방이 조금이라도 싫다하면 선뜻 물러

났었는데 이번만은 코스모스의 자의가 아닌 타의에서인 것만 같아 청년은 계속 편지와 전화로 애원하고 간청했다. 부모가 자식을 아무리 사랑한다 해도 자식의 운명을 부모가 대신 결정하고 자식의 인생을 부모가 대신 살아줄 수 없지 않은가. 제 삶은 스스로 개척해 제 맘 내키는 대로 용기와 신념을 갖고 살아보자고 호소했다. 심지어 아무리 호소해 봐도 소용없자 마치 물에 빠진 사람 지푸라기도 붙잡듯이 코스모스보다 네 살 아래인 여고생이던 동생에게 매달려보았다. 응원과 도움을 청했고, 지성이면 감천이라는데 사람의 마음을 못 움직이랴 싶었다.

이번에도 인연이 닿지 않았는지 오페라 영창 가사처럼 '아! 그대였던가……. 하늘에 별은 빛나건만, 아무리 애쓰나 내 수고 헛될 뿐……. 그대의 찬 손'을 잡아 녹여 줄 수 없었다. 자매가 어머님의 절대적인 영향과 간섭에서 못 벗어나는 것 같아 절망한 끝에 『포주와도 같은 구세대를 고발하노라』라는 시를 한 편 써서 세 모녀 앞으로 우송했다. 그리고 제대하는 날 제대복 차림으로 청년은 코스모스의 집으로 달려갔다.

벨을 누르자 마침 집에 있던 코스모스가 내다보더니 문빗장을 질러 굳게 문을 닫아걸었다. 청년은 미친 듯이 담을 뛰어넘었다. 홍길동이나 로빈 후드처럼 성 안에 갇힌 공주 코스모스를 구출하겠다고 대낮에 남의 집 담을 넘긴 했어도 다시 신사답게 현관문을 점잖게 노크했다. 그러는 사이 코스모스는 맨발로 부엌문으로 빠져나가 이웃에 사는 이모를 불러왔다.

청년을 더욱 분노케 한 것은 코스모스의 어머니가 시장에서 장사하는 장사꾼처럼 돈밖에 모르는 사람이 아니란 사실이었다. 문인이자 사회적인 지도자급 저명인사인 분이 어떻게 이같이 젊은이들의 순수한 사랑의 싹을 잔인하게 잘라버리는 것일까. 소꿉장난같이 시작하는 아름다운 삶의 잔칫상을 이토록 무지막지하게 엎어버릴 수 있을까?

청년은 절망했고, 그 깊이는 더해 갔지만 답은 없었다. 어디선가 구겨진 습자지 위에 펼쳐지는, 얇디얇은 한 장의 미명이 펼쳐질 뿐이었다.

이슬방울 속의 코스모스

청년은 서울시청 앞에서 뜻밖에도 코스모스를 발견했다. 그녀는 어느새 소녀의 모습도 여대생의 모습도 모두 벗어나 어엿한 처녀의 아름다운 자태였다. 청년은 재빠르게 코스모스의 뒤를 따라갔다.

꿈꾸듯 펜팔로 만났다가 단꿈에서 깨어나듯 꿈속의 코스모스를 잊지 못해 몽유병자처럼 방황하던 어느 날이었다. 청년은 서울시청 앞에서 뜻밖에도 코스모스를 발견했다. 그녀는 어느새 소녀의 모습도 여대생의 모습도 모두 벗어나 어엿한 처녀의 아름다운 자태로 변해 있었다.

청년은 재빠르게 코스모스의 뒤를 따라갔다. 코스모스는 영자신문인 코리아헤럴드 건물 안으로 들어갔다. 청년은 건물의 수위로부터 코스모스가 조사부에서 근무한다는 말을 들었다. 제대 후, 청년은 한국외국어대학에 다니면서 모친의 함자 덕순의 '德' 자와 본인의 아호 해심의 '海' 자를 따서 덕해서관德海書館이라는 서점을 하고 있었다. 하루는 코리아헤럴드의 경쟁지인 또 다른 영자신문 코리아타임즈 칼럼에 한국 남자와 결혼해 『코리안의 아내』라는 책을 쓴 아그네스 데이비스 김이란 미국 여자가 남녀관계 및 인간관계에 대해 쓴 글을 읽고 독후감으로 자신의 펜팔 로맨스 이야기를 써 보냈더니 이 글이 같은 칼럼에 실렸다.

청년은 자신의 글이 실린 신문 한 장을 가지고 코리아헤럴드로 코스모스를 찾아가 만일 자신과 절교한 것이 자의가 아니었다면 다시 좀 사귀어보자고 했다. 생각해보고 답을 주겠다는 약속을 받고 아무리 기다려 봐도 깜깜 무소식이었다.

때마침 코리아헤럴드 주최로 영어웅변대회가 있었다. 전에 청년이 서울대 학생으로 영어웅변대회와 경제학술토론대회에 나간 적이 있었는데 이번에는 외대 학생으로 출전하여, 행여나 코스모스가 들어주길 바라는 일념에서 『포주와도 같은 구세대를 고발한다』는 사자후로 울부짖었다. 그래도 아무런 반응이 없었다.

그때 또 마침 코리아헤럴드의 기자 모집 광고에 청년은 응시하여 수석으로 합격했다. 결국, 청년은 외대를 중퇴하고 코리아헤럴드의 기자가 됐다. 그런지 얼마 안 되어 누군가가 만나자고 찾아왔다. 그는 청년이 입사하기 얼마 전까지 코리아헤럴드 기자로 있다가 새로 창간된 중앙일보로 간 사람이었다.

"두 분이 예전에 펜팔을 했다는 말을 들었습니다."

마주한 사내가 그렇게 말을 꺼냈다.

"우리 두 사람은 결혼할 사이입니다. 정식으로 부탁을 드립니다. 김 선생을 그만 단념해 주십시오."

청년은 오기가 발동하기 시작했다.

"그녀가 노예라도 된다면 우리 두 남자가 목숨 걸고 결투해 승자가 차지하면 되겠지만 우리가 결정할 일이 아니라 그녀의 선택에 달린 게 아니겠습니까?"

"그녀의 의사를 듣고 싶으시다면 제가 따로 자리를 마련해 보겠습니다. 괜찮으시겠습니까?"

사내는 그렇게 정중하게 말했다.

"그럴 필요 없습니다. 제가 직접 알아보겠습니다."

청년은 곧바로 코스모스를 찾아가 답을 요구했다.

"포주와도 같은 구세대를 고발한다고 하셨죠? 저의 어머님께 포주라 했으니 저를 창녀 취급을 한 셈이지요. 이토록 저희를 모욕한 남자를 어떻게 다시 만날 수 있겠어요."

더할 수 없이 부정적인 대답이었다.

"잘 알겠습니다. 더 이상 괴롭히지 않겠습니다. 그동안의 무례에 대해 깊이 사과를 드립니다. 부디 행복하시기를 빌겠습니다.”

청년은 그렇게 말했다. 그리고는 말을 덧붙였다.

“이것만 기억해 주시면 좋겠군요. 이슬이 스러지면 흔적조차 없지만 이슬이었을 동안 이슬이었다는 점을요.”

“그, 그게 무슨 말이지요?”

청년은 대답 대신 미소를 짓고 그 자리에서 일어섰다. 청년이 인용한 글은 서울대 피천득 교수의 시 『이슬』의 한 구절이었다. 청년은 집으로 돌아와 칼릴 지브란의 『예언자의 뜰』을 되뇌었다.

“이슬방울에 비치는 아침 해의 모습이 해만 못하지 않듯 네 가슴 속에 메아리치는 삶의 숨소리도 삶 못지않다. 이슬방울이 햇빛 비춰줌은 이슬이 곧 햇빛이기 때문이고 네가 숨 쉼은 네가 곧 숨인 까닭이다. 낮이 가고 밤이 와서 어둠이 너를 덮거든 속으로 이렇게 말해보라. 이 어둠은 아직 태어나지 않은 새벽, 비록 한밤의 진통을 겪더라도 저 언덕들처럼 나 또한 새벽을 낳으리라. 저녁에 지는 백합 꽃잎 속에서 제 몸을 동그랗게 굴려 모으는 이슬방울은 하나님의 품속에서 네 혼을 찾아 모으는 너와 다를 것 없다. 이슬방울이 한숨짓기를 천년에 한 번 나는 이슬방울일 뿐이라 하거든 이렇게 물어보라. 무궁한 세월의 영원한 햇빛이 네게서 빛남을 모르냐고.”

그러면서 청년은 혼자 말로 읊조렸다.

이슬 맺혀 이슬이던가.
삶과 사랑의 이슬이리.
아니, 기쁨과 슬픔의 '저슬' 이리.
이승의 이슬이 저승의 '저슬' 로
숨넘어가는.

청년은 그 후로 회사에 사표를 내고 코리아타임즈로 직장을 옮겼다.

사랑했으므로 행복하였네라

청년은 시간이 흘러 장년이 되었다. 펜팔로 처음 만났던 코스모스를 25년 만에 뉴욕에서 다시 만났다. 금기야는 기적같이 극적으로 두 사람은 맺어졌다. 그러나 25년 전 첫 번째 만남과 헤어짐이 다시 반복되는 그 옛날의 재판再版이 되고 말았다.

우연일까 필연일까 콜롬비아의 작가 가브리엘 가르시아 마르케스의 『콜레라 시대의 사랑』이 있다.

이 작품은 '필연이었다'로 시작한다. 남미 카리브해 연안에 있는 한 나라를 무대로 19세기 후반에서 20세기 전반에 걸쳐 세 사람의 삶과 이들의 얽힌 운명을 다룬 이야기다.

그러나 처음에는 아무 것도 필연 같게 보이지 않는다. 그냥 하나의 짝사랑 이야기로 밖에 들리지 않았다. 그런데 이 짝사랑은 50년 만에, 정확히 말하자면 50년 9개월 4일이 지난 후에야 드디어 이루어진다.

이것이 플로렌티노 아리자가 페르미나 다자에게 다시 한 번 그의 사랑을 고백할 때까지 그가 기다린 세월이다. 그는 그의 두 번째 사랑고백을 여자의 남편 장례식장에서 한다. 이 소설의 제목이 암시하듯 작가는 이 작품에서 사랑에 대해, 여러 다른 모습의 사랑에 대해 말한다, 젊은 풋사랑, 결혼한 부부의 사랑, 낭만적인 사랑, 콜레라 증상이 있는 열병 같은 사랑이야기를 한다.

이 소설 속 이야기가 청년의 이야기로 겹쳐 혼돈했다. 우연인지 필연인지 청년은 정말 알 수가 없었다. 청년은 헤르만 헷세가 그의 작품 『데미안』에서 한 말을 떠올렸다.

"사람은 누구에게나 오직 한 가지 천직과 사명이 있을 뿐이다. 이것은 자신의 운명을 발견하는 것이고, 이 자신의 운명을 완전히 단호하게 자신 속에서 자신의 삶으로 살아버리는 것이다. 이 운명을 자신이 선택하는 것은 아니지만. 사람이 그 어떤 무엇을 절대적으로 절실하게 필요로 하고 아쉬워하다가 그토록 간절히 원하던 것을 찾아 얻게 될 때 이것은 우연이 아니고 필연인 것으로 다름 아닌 자신의 절절한 소망과 꿈이 갖다주는 것이다."

청년은 시간이 흘러 장년이 되었다. 펜팔로 처음 만났던 코스모스를 이십 오 년 만에 뉴욕에서 다시 만났다. 급기야는 기적같이 극적으로 두 사람은 맺어졌다. 그러나 이십 오 년 전

첫 번째 만남과 헤어짐이 다시 반복되는 그 옛날의 재판이 되고 말았다.

코스모스는 여동생과 함께 자신의 어머니처럼 유명한 소설가가 되어 있었다. 특히 두 자매는 소설 『날개』를 쓴 유명 작가의 문학상을 수상했다. 그 옛날 '펜팔시대'에 『푸른 제복의 사나이』로 등장했던 청년은 이 여인의 글재주 덕에 『꽃을 든 남자』로 탈바꿈하여 재등장하는 영광까지 누리게 되었다. 코스모스가 쓴 이 장편 소설 속에 등장하는 남자들인 한고만과 안성수, 그리고 이원오 등 세 명은 고스란히 청년이 투영되었다는 것을 쉽게 알 수 있었다.

함부로 쏘아댄 화살이 훗날 다른 사람의 가슴에 박혀 있는 정황을 목격한 청년은 헛웃음이 나왔다. 서로 다른 뒷모습의 사랑만 남기고 예술의 하늘로 날아가 버린 파랑새의 행복을 빌어줄 뿐이었다.

그러면서 청마 유치환의 고백처럼 읊조릴 수밖에 없었다.

'사랑했으므로 행복하였네라.'

4부 : 다시, 독창

내 마음 코스모스바다가 되어라

- 아가兒歌 소릿바람
- 뜻 밖에 찾아온 기회
- 모두 다 기적이다
- 이어지는 태교육 _ 이름
- 우리의 자화상 _ 개구리

아가兒歌 소릿바람

덧없는 인생이라지만 아무리 힘들고 슬프고 절망할 일이 많다 해도 이 세상에 태어난 게 태어나지 않은 것보다 얼마나 다행스러운가. 실연당한다 해도 사랑해본다는 게 못해보는 것보다 얼마나 아름다운가.

밤바다에 달이 돋고 별이 쏟아지고 있었다. 바닷가에서 불어오는 바람에는 소금기와 함께 비린내가 묻어 있었다. 바닷가에 어린왕자와 노인이 하늘을 바라보며 함께 누워 있었다.

노인은 하늘을 쳐다보며 말했다.

"양이 꽃을 먹었을까, 먹지 않았을까?"

그러자 어린왕자는 대답도 하지 않고 물었다.

"할아버지는 내가 별로 돌아가지 않았냐고 왜 안 물어?"

"너는 너의 별로 떠난다 해도 언제나 내 가슴 속에 머물러 있잖니. 그러니 네가 떠나던 그렇지 않던 무슨 소용이 있겠어?"

"그건 그래. 그런데 할아버지는 여전히 코스모스가 그리워?”

“그럼. 온통 코스모스바다지.”

잠시 침묵을 지키더니 어린왕자는 말했다.

“할아버지, 내 꽃 말이야……. 그건 내게 책임이 있어. 그런데 그 꽃은 몹시도 약해. 또 몹시 순진하고. 시원찮은 가시 네 개를 가지고 바깥세상에 대해서 제 몸을 보호하려고 해.”

“나도 이제 많이 늙었단다. 이제 만시를 지어야 할 나이지.”

“만시가 뭔데요?”

“만시는 자신의 죽음을 미리 애도하는 시를 말해.”

노인이 그렇게 대답하자 어린왕자는 우울한지 얼굴을 찌푸렸다. 그러자 노인이 다시 입을 열었다.

“만시를 짓기 전에 우리 삶을 자축하는 노래를 송축이라고 해.”

어린왕자는 더 이상 묻지 않았다.

“덧없는 인생이라지만 아무리 힘들고 슬프고 절망할 일이 많다 해도 이 세상에 태어난 게 태어나지 않은 것보다 얼마나 다행스러우냐. 실연당한다 해도 사랑해본다는 게 못해보는 것보다 얼마나 아름다우냐.”

노인은 누워 하늘을 보며 눈물을 흘렸다.

“우리에겐 무의미한 신의 영원보다 보람찬 인간의 한 순간이 그 얼마나 더 복된 것이냐."

노인은 몸을 일으켜 밤바다를 바라보았다. 코스모스바다가 눈앞에 펼쳐져 있었다.

"그리스의 철학자 에피큐러스는 한 마디로 요약한 삶의 지침으로 'carpe diem' 이라고 했어. 영어사전을 보면 carpe diem이라는 문구는 에피큐러스의 철학이 함축된 것으로 'seize the day' 라는 문자 그대로 '놓쳐버리지 말고' 오늘 하루를 당장 붙잡아 순간순간 만끽하면서 모든 희망을 미래에 걸지 말고 현재를 즐기라는 뜻을 담고 있어. 또 하나는 젊음을 부질없음으로 다루는 시적 주제로서 즐거움을 추구하라는 것이야. 무슨 말인지 알겠어?"

어린왕자는 대답하지 않았다. 노인은 기다리지 않고 하고 싶은 말을 계속 했다.

"모든 어린이들이야말로 이를 몸소 실습하고 체험하며, 본능적으로 누리는 행복의 화신들이 아니더냐. 그러니 어린이의 울음소리조차 울음소리가 아닌 웃음소리라고 해야 해. 기쁨과 감사의 아가兒歌 소릿바람이라고. 우리의 원초적인 축복과 궁극적인 본향을 노래하는 고향 교향곡이며 우주적 합창이지. 별 하나 나 하나에 나와 우주가 하나 된다고. 이것이 바로 코스모스 칸타타야."

어린왕자는 여전히 대답하지 않았다. 밤바다에서 불어오는 바람만이 쇳소리를 냈다. 노인은 어린왕자의 옆에 앉아 밤바다의 별을 보았고, 가슴 속에 피어나는 코스모스를 떠올렸다. 그리고 노인은 기억 속에서 사내의 시절로 돌아가고 있었다.

뜻밖에 찾아온 기회

영국에 도착한 사내는 세계를 주름잡던 대영제국의 콧대 높은 영국신사들이 정중하면서도 음성적으로 베푸는 갖은 냉대와 차별대우를 감당키 어려웠다.

세상 일 정말 알 수 없는 것일까. 하늘의 별을 따는 일처럼 가능성이 전혀 없어보이던 일도 현실이 될 때가 있었다. 사내는 한국에 살면서 간혹 김포공항에 누구를 마중을 가거나 또는 배웅하러 갈 때면 비행기에 오르내리는 사람들이 마치 별세계 사람들 같아 보였다.

그러다 언젠가 일본과 한국 사이로 날던 비행기가 추락하여, 수백 명이 목숨을 잃었다는 비보를 들은 적이 있었다. 안됐다고 느끼는 마음 한 구석에서는 잘난 사람들 남보란 듯이 하늘 높이 날더니 떨어지고 말았다는 몹쓸 감정이 꿈틀거려 사내는 소스라치게 놀란 적이 있었다. 그러면서 기차를 타고 가노라면 더러 시골 아이들이 기차에 돌팔매질 하는 심사를 이해할 수 있을 것 같았다.

그러던 사내에게도 그토록 부러워하던 기회가 뜻밖에 찾아왔다. 우연히 영자 신문에서 구인광고를 보고 응시했다. 미국 출판사 프렌티스-홀의 한국대표로 일한 후 능력을 인정받아 사내는 호주로 전근 오퍼를 받았다. 그런데 호주 정부에서 비유럽계 사람에게는 영주비자를 주지 않는다고 해서 호주 대신 사내는 영국으로 전근을 가게 되었다.

아내와 아이들 셋을 데리고 서울서 런던까지 가는데 한 달이 걸렸고, 그동안 열여덟 번이나 비행기를 타고 내렸다. 세 살짜리 큰 애는 걷게 하고, 돌이 지난 지 육 개월 된 둘째는 등에 업고, 태어난 지 석 달된 막내는 안고 갔다. 꿈도 못 꾸던 절호의 기회를 최대한으로 이용해서 여행 삼아 동경, 홍콩, 방콕, 로마, 아테네, 암스테르담, 파리를 경유하여 영국에 도착했던 것이었다.

그러나 사내는 세계를 주름잡던 대영제국의 콧대 높은 영국신사들이 정중하면서도 음성적으로 베푸는 갖은 냉대와 차별대우를 감당키 어려웠다. 영국에 인재가 없어서 한국에서 사람을 데려왔느냐는 반감에서 반발이 대단했다.

그럴수록 저들에게 짓밟히고 웃음거리가 될 수 없다는 심한 강박관념에서 사내는 초인적으로 발악하듯 열심히 뛰었다. 스

코틀랜드와 웨일즈를 포함한 대브리튼 전역을 이 잡듯 누비며 영국의 각 대학을 순방, 프렌티스-홀 산하 50여 개 출판사에서 매년 발행하는 신간서적 수천 권 가운데서 대학 각 과목별로 교재를 채택시켰다.

연 평균 200회 이상 이동도서전시회를 열어 교수들과 학생들로부터 도서추천과 구매신청을 받아 각 대학도서관에 납품하는 일을 했다. 또 각종 학술대회와 학회에 참석해서 학계 동향을 파악하고 새 교재 집필자를 물색하는 등 미친 듯 일을 했다. 그러다 보니 사내는 전에 영국지사 판촉직원 십여 명이 해오던 일을 혼자 도맡게 되었지만 판매 실적을 전보다 몇 배로 올려놓았다. 전에 없던 각 대학 주요 인사들인 교수와 도서관 사서들의 메일링 리스트를 철저하고 완벽하게 작성해 놓았다.

고되고 힘든 날의 연속이었으나 노력한 만큼의 성과가 뒤따라 사내는 더없이 행복했다.

모두 다 기적이다

뜻있는 곳에 길 있다고 했던가. 마치 계란으로 바위를 깨겠다는 집념과 오기로 일관한 사내의 법정투쟁에서 재판장은 물론 고용주 편에 서야 할 판사까지 사내의 편을 들어줘 다수결이 아닌 만장일치로 사내는 승소했다.

영국에서의 생활이 안정을 찾아가고 있을 때 싱가포르에 사람이 필요하다고 하여 사내는 싱가포르로 전근발령을 받게 되었다. 그러나 전근 조건이 너무 부당했다. 외국인으로서 응당 받게 되는 주택비, 자녀교육비 등의 수당과 혜택도 없었다. 같은 동양인이라고 현지 싱가포르 사람과 같은 대우밖에 못해주겠다는 것도 어이가 없었다.

싱가포르 사람들은 싼 정부 아파트에 살면서 학비가 들지 않는 중국어 사용 공립학교에 애들을 보내지만 사내의 경우 영어가 사용되는 인터내셔널 스쿨에 보내려면 사내의 봉급으로는 아이들 학비조차 되지 않았다.

그런 조건으로는 싱가포르 전근을 받아들일 수 없다 하자

즉시 사내는 회사에서 감원해고를 당했다. 퇴직금으로는 한국에서 근무한 연수는 제외하고 영국에서 근무한 기간만 일 년에 일 주분 급료를 계산해 줄 뿐, 사내의 가족이 한국에 돌아갈 비행기표와 이사비용조차 주지 않았다. 그런 비용을 회사가 부담하겠다는 서면의 고용계약이 없다는 설명이었다. 한국에서 근무하다 같은 회사 일로 영국으로 전근가면서 새로 고용계약을 요구, 체결하지 않았던 것이 사내의 불찰이었다.

너무도 억울하고 분해 사내는 런던의 유명한 변호사 십여 명을 찾아 의논해보았으나 모두 이구동성으로 법에 호소해보았자 뾰족한 수가 없다고 했다. 회사 측에 도의적인 책임은 있을지라도 법적으론 어떤 하자도 없고 회사에서는 영국의 현행법에 따라 사내에게 퇴직수당까지 줬다는 것이었다.

하는 수 없어 사내는 영국언론에 편지를 써 호소했다. 뜻 밖에도 런던 타임즈와 가디언 그리고 그가 살고 있던 지역의 지방지 이브닝 포스트 에코에서 그의 억울하고 딱한 사정을 크게 기사화 해주었다.

그래도 아무 소용이 없었다. 생각다 못해 사내는 지역구 출신의 노동당 국회의원 브라이언 세지모어 씨를 찾아가 하소연하자 영국국회에서 문제 삼겠다며 강력한 편지를 써주고 회사 대표를 만나보기까지 했으나 또한 헛일이 되고 말았다.

마지막 수단으로 사내는 인더스트리얼 트라이뷰널이라는 노사분쟁 중재재판소에 제소했다. 그러자 회사 측에서는 미국 변호사 두 명과 영국 변호사 두 명, 총 네 명의 변호사가 회사 측의 변호에 나섰다. 반면 사내는 변호사 쓸 돈도 없었지만 승산이 전무하다는 법적 판단 하에 아무도 변호를 맡아주려 하지 않아 사내가 직접 자신의 변호를 할 수밖에 없었다.

일 년을 두고 끌어온 재판이 드디어 판결의 순간을 맞았다. 중립적인 입장에 선 재판장과 노사 양측을 각각 대표하는 재판관 두 사람, 이렇게 세 사람의 의견을 모아 다수결로 결정하는 것이 영국 법원의 상례였다.

뜻있는 곳에 길 있다고 했던가. 마치 계란으로 바위를 깨겠다는 집념과 오기로 일관한 사내의 법정투쟁에서 재판장은 물론 고용주 편에 서야 할 판사까지 사내의 편을 들어줘 다수결이 아닌 만장일치로 사내는 승소했다. 심지어 회사 측 변호인들로부터 찬사와 축하까지 받았다. 한편 이 재판을 관심 있게 지켜본 영국의 각 언론들은 구약성서에 나오는 다윗 소년과 골리앗 장사의 대결에 비유해 작은 코리언의 승리를 일제히 보도했다.

세상에는 기적 아닌 일이란 없는 것 같다. 이 세상에 태어난 것부터 그렇고 살아온 순간순간이 다 기적이다. 풀 한 포기,

꽃 한 송이, 이슬 한 방울, 바람 한 점, 햇살 한 줄기, 바다, 하늘, 별 등등 모두가 다 기적이다. 한없이 신비하고 슬프도록 아름다운.

이어지는 태교육 - 이름

이 세상에 살고 있는 모든 사람들이 다 해아같이 제 각기 '수호천사'로부터 늘 가호를 받고 있음에 틀림없다. 그렇지 않고서야 그 어찌 이 험난하고 험악한 세상을 지금껏 순간순간 큰 탈 없이 살아올 수 있었으랴!

사람이 머리로 하는 것이 사상이라면 가슴으로 하는 것은 예술이리라. 어려서부터 다정다감하고 감수성이 예민했던 사내도 노래가 좋았고 음악을 즐겼다. 노래를 들으면 그 노랫말에 심취했고 음악 멜로디에 넋을 잃었다.

그러나 타고난 음치였을까. 사내는 노래 한 소절도 제대로 따라 부르지 못했다. 그런데 이 웬 돌연변이일까. 아이들 셋이 다 음악을 전공하게 되었으니. 집에서 극력 반대하는 결혼을 하느라 친정과 거의 의절하다시피 한 아이들 엄마를 위해 결혼 후 사내는 제일 먼저 피아노와 최고급 스테레오 전축과 수많은 레코드판을 사들였다.

이화여중 입학 기념으로 부모님이 사주셨다는 피아노는 물론 이대 영문과 졸업하고 외환은행 다니면서 받는 봉급으로 사 모은 전축과 레코드판들을 다 친정에 놓고 온 아내에 대한 사내의 보상심리에서였다.

아내는 어려서 좀 배우다 만 실력이어서 피아노는 한낱 집안 장식품에 지나지 않았다. 애들이 태어나면서 함께 장난삼아 쳐보는 정도였다. 더구나 거리의 소년처럼 자라온 사내에게 음악, 특히 서양 고전음악은 고관대작이 아니면 갑부 집 애들이나 할 수 있는 귀족놀음으로 생각했었다. 한국에서는 해방 후 특권층 정상배들이나 즐기는 스포츠가 골프였듯이 말이다.

그러다가 사내의 가족이 영국에 가서 살면서 애들이 동네 유치원에 다녔는데 하루는 큰애 반에서 악기 배우고 싶은 아이들은 손을 들어보라고 해 일주일에 하루 순회음악교사가 찾아와 십 분씩 레슨을 해주었다.

이렇게 해서 큰 애가 바이올린을, 두어 달 후에 둘째가 첼로를, 또 두어 달 지나 막내가 또한 바이올린을 배우기 시작했다. 시작한 지 몇 달 안 되어 사내는 영국을 떠나 애들 고모님들과 할머니가 사시는 하와이로 이주하게 되었다.

그동안 짧게나마 음악을 좋아해 열심히 하다 보니 곧잘 했었는지 애들이 떠나는 것을 몹시 애석해 하던 선생님의 주선으로 영국 맨체스터에 있는 취탐 음악학교에 오디션을 보라는 편지를 받았다. 사내는 선생님의 성의도 고맙고 아무리 가능성이 없다 해도 애들에게 찾아온 0.001%의 기회라도 버릴 수 없었다. 그래서 왕복 비행기표 값을 날리는 셈치고 영국으로 돌아가 아이들에게 오디션을 받게 했다.

아이들 셋 중 하나도 안 될 줄 알았는데 뜻밖에도 셋 다 합격을 하고 말았다. 그러나 일반 교육과목과 함께 음악교육을 시키는 보딩스쿨(기숙학교)이라 한 아이의 1년 학비가 지금의 달러로 환산해서 5만 달러가 넘었다. 그러니 애들 셋 학비가 십오만 달러가 넘어 어림없는 일이었다. 그런데 학교에서 장학금을 주어 꿈도 꿀 수 없던 특수음악학교에 아이들이 다니게 되었다.

이렇게 해서 아이들 나이 여섯, 일곱 반, 아홉의 딸 셋이 다 일찍 집을 떠나 출가한 셈이 되었다. 만일 부모가 애들에게 음악을 강제로 시켰더라면 처음에는 마지못해 좀 하는 척 하다가 벌써 그만 뒀을시도 모를 일이었다. 무엇이고 제가 좋아서 하면 억지로 노력할 필요 없이 절로 재미나고 신나서 하게 되는가 보다.

평생토록 젊음과 동심을 갖고 살아주기 빌고 바라는 뜻에서 사내는 아이들의 이름에 한자로 아이 '아'兒 자를 모두 붙였다. 자라면서 나이를 아무리 먹어도 마음만은 날마다 더 젊어지라고, 꾸밈없이 아름답게 자라면서 열심히 배워 죽도록 사랑하라고. 간절히 빌고 바라건대 바다의 낭만과 하늘의 슬기와 별들의 꿈을 먹고 살라고. 이와 같은 기원과 염원에서 바다 해海, 빼어날 수秀, 별 성星을 넣어 아이들의 이름을 해아海兒, 수아秀兒, 성아星兒라고 이름 지었다. (아메리카대륙 원주민 인디언도 자신의 이름을 얻기 위해 숲 속으로 가 며칠씩 머물며 계시를 받는다고 한다.)

부부가 오래 같이 살다보면 얼굴까지 서로 비슷해지고 개도 주인을 닮는다고 하는데 어느 부모에게나 어린 자식들이 늘 소중하고 사랑스럽겠지만 어린 것들이 때때로 어른들 소름끼치게도 하고 때로는 근엄하고, 엄숙한 선생님들을 요절복통하게 만드는 것이다.

얼굴 생김새부터 성격과 성정이 너무도 자기 자신을 꼭 빼닮은 자식을 보는 부모의 심정이 어떠할지는 자식도 제 자식 가져볼 때에라야 알게 될 것이다.

막내딸 성아는 별 성星 자의 이름을 가져 그런지 어려서부터 스타 기질을 타고난 것처럼 텔레비전에 나오는 가수나 배우들 흉내를 기가 찰 정도로 잘 내고, 하는 짓마다 사람들의 시선을 끌어 매혹시키곤 했다. 유치원 가기 전부터 저를 에워싸는 사내아이들을 말 한 마디 없이 눈빛, 표정 하나로 파리 쫓아버리

듯 하고 제가 어른같이 어른들을 어린애 다루듯 하면서 말도 어른들 용어만 썼다. 이런 성아에게 사내는 아빠로서 야단칠 수가 없었다. 그러려다가는 번번이 어처구니없이 무색해지고 말았다.

화가 나서 소리를 버럭 지르는 사내에게 성아는 쪼끄만 인지를 입술에 살짝 갖다 대고는 쉿 소리를 냈다. 그런가 하면 들리지도 않을 아주 작은 목소리로 말했다.

"아빠, 왜 큰 소리 내?"

그렇게 정색을 하고 사내를 나무랐다. 이럴 때면 이 아이가 어느 전설이나 동화책에서 톡 튀어나온 어떤 요정같이 느껴지곤 했다. 공부하는 것을 도와주겠다고 사내가 옆에서 사설이라도 늘어놓을 듯 하면 사내의 말은 전혀 귓등으로도 듣지 않고 사내의 얼굴만 빤히 쳐다보곤 했다. 그럴 때면 마치 동물원에 온 아이가 창살 너머 고릴라라도 구경하듯 했다.

화장실에 들어가 소변을 보며 서 있노라면 어느 틈에 따라와 바짝 뒤에 붙어 서서 시켜보다가 묻곤 했다.

"아빠, 다 흔들었어?"

둘째, 수아 또한 빼어날 수秀자를 쓰는 제 이름 탓인지 어려서부터 평범하지가 않았다. 그야말로 청개구리처럼 무슨 일이든 누가 시키면 절대로 안하고, 하지 말라면 무슨 수를 써서라도 기어코 하고 마는가 하면, 언제나 제가 하고 싶은 짓만 골라 하고, 제가 하고 싶은 때만 하고, 제가 하고 싶은 만큼만 하는 아이였다.

그래서 사람들은 수아가 또 광기 났다고 자주 말을 하곤 했다. 한 번 발동이 걸리면 말릴 수 없었다. 수아는 웃어도 그냥 웃지 않고 땅바닥에 때굴때굴 구르면서 웃는다. 놀아도 미친 듯 신나게 열중해 지쳐 떨어지도록 놀아 저녁밥상에 앉아 밥그릇을 베게 삼아 코를 골기도 했다. 그만큼 수아는 말썽꾸러기이기도 했다.

1972년 2월 14일 사내의 가족이 영국에 도착, 하트포드셔 킹스랭리라는 동네에 머물 때였다. 침실과 욕실, 화장실은 이층에 있고 아래층에 부엌과 식당, 그리고 응접실이 있는 집을 얻어 살았다. 수아가 걷기 시작한 지 얼마 안 된 한 살 반 때의 일이었다.

어느 일요일 아침, 사내는 잠자리에서 일어나 애들 방을 들여다보니 큰 애와 막내는 아직 자고 있는데 수아의 침대가 비어 있었다. 아래층에 내려가 보니 부엌에 식당 의자를 갖다가 그 위에다 또 동그란 나무의자 스툴을 올려놓고 기어 올라가 제일 높은 찬장 선반에 둔 유아용 아스피린 병을 꺼내 병 속에 있던 애들 먹기 좋으라고 달게 코팅한 알약 수 십 개를 사탕같이 다 먹어버리고 말았다. 질겁한 사내가 아이를 병원에 데려가 펌프질해서 다 토해내고서야 수아는 살아났다.

또 그 해 여름, 사내의 가족이 영국 서남부 해안 콘월이란 지방으로 휴가를 갔을 때의 일이었다. 이 때 사내의 가족은 이동주택 캐러밴을 빌렸다. 바닷가 언덕 위에 세워놓은 캐러밴에서 아침식사를 준비하다가 창밖을 내다보니 옆에 세워둔 자동차가 언덕 밑으로 굴러 내려가고 있었다. 더 놀랄 일은 굴러 내려가는 자동차에서 수아가 운전석의 열린 차문으로 뛰어내리는 것이었다. 그 때 만일 수아가 차 밑으로 굴러 떨어졌으면 어쩔 뻔 했을까. 아찔한 순간이었다. 차는 언덕 밑 도랑에 처박히고 말았다. 차에 올라 운전석의 이것저것 만져보던 수아가 걸려 있는 핸드브레이크를 풀어버린 것이었다.

또 수아가 서너 살 때 일이었다. 매주 사내가 출장 갔다 주말에나 집에 오면 아내와 할 말이 많았다. 그런데 수아는 할 말이 엄마보다 더 많았는지 엄마와 아빠가 이야기를 하는데 자꾸만 귀찮고 성가시게 말을 시키는 것이었다. 견디다 못해 집사람이 수아 보고 좀 기다리라고 소리를 질렀다. 그랬더니 눈 하나 깜짝 않고 또 말을 시키는 수아한테 이번에는 사내가 더 큰 소리로 입 좀 다물라고 호령했다. 그러자 아이는 천연덕스럽게 대꾸했다.

"그럼 아빠, 이제 엄마하고 이야기 계속해."

그렇게 한 마디 하고서야 수아는 방 밖으로 나갔다. 이처럼 어떠한 경우에나 수아는 기죽는 법 없이 마지막 말은 제가 꼭 하고야 말았다. 그리고 수아는 거의 매사에 척하면 삼천리였다. 쇼핑할 때도 어린 수아에게 이걸 살까 저걸 살까 물어보면 명쾌한 답을 얻을 수 있었다.

또한 수아는 언니 해아가 학교에서 바이올린을 배우기 시작한 지 얼마 안 되어 엄마와 아빠도 모르게 해아의 바이올린 선생님을 찾아가 자기는 바이올린보다 첼로 소리가 더 좋으니 첼로 선생님을 한 분 소개해 달라고 했다는 말을 듣고 입을 다물지 못했다. 수아의 청을 거절 못한 선생님이 특별히 주문해 빌려준 제일 작은 4분의 1 사이즈의 첼로를 받아 갖고 온 날 수아는 밥도 먹지 않고 여덟 시간을 계속 켜댔다.

그 후 정식으로 두세 번 레슨을 받고 하루는 수아가 청소년 오케스트라 연습장에 언니를 따라갔었다. 그날 저녁 음악회에 해아도 오케스트라 단원으로 연주하는 것을 보려고 아내와 사내는 막내 성아를 데리고 음악회 시간에 맞춰 갔다. 강당 맨 앞줄에 미리 잡아놓은 좌석에 앉아 음악회 연주가 시작되도록 아무리 기다려도 수아가 제 자리 찾아 옆에 와 앉지를 않았다. 이 말썽꾼 사고뭉치 수아가 또 어떤 문제라도 일으키지 않았을까 가슴 조마조마하게 걱정하며 오케스트라 단원들이 앉아 연주하는 무대석을 바라본 순간 사내는 정말 기절할 뻔했다. 중고등학교 학생들도 낀 저보다 몇 배나 큰 아이들 틈에서 다섯 살짜리 수아가 의자에 앉아 두 다리 달랑거리며 작은 첼로지만 제 몸보다 큰 악기를 열심히 그어대고 있었다.

수아와 말을 하다보면 사내는 무안을 당할 때가 많았다. 사내가 하려는 말을 제가 미리 알아 반론까지 하는 식이었다.

큰 아이 해아 역시 제 이름 때문일까. 겉으로는 늘 조용하지만 속으로는 무궁무진한 정열과 열정, 용기와 신념을 갖고 있는 아이라고 선생님들마다 감탄하며 칭찬이셨다.

상상력이 지식보다 중요하다는 상대성 이론의 창설자 앨버트 아인슈타인의 말이나 네가 상상할 수 있는 것은 이미 현실이라고 한 피카소의 말대로, 사내가 바란 대로, 상상한 대로, 꿈꾼 대로 해아가 사내 앞에 나타나 준 것이었다. 그 어떤 사실보다 더 경이로운 진실로, 그 어떤 현실보다 더한 축복으로, 그 어떤 꽃보다 더 아름답고 그 어떤 무지개보다 더 신비로운 기적 중에 기적으로…….

사실 사내는 첫 아이로 쌍둥이를 보았었다. 쌍태아이어서인지 체중 미달로 낳자마자 조산아 보육기 인큐베이터에 들어갔고, 난지 하루 만에 한 아이는 숨지고 한 아이만 살아남았다. 산모가 해산도 하기 전에 사내는 애들 이름부터 지어놓았다. 한 아이는 태양처럼 언제나 빛나고 만물을 육성하며 희망을 주는 아이가 되라고 태양 '해' 자, 아이 '아' 자 '해아'. 또 한 아이는 바다같이 무궁무진한 삶의 낭만이 넘치는 아이가 되라고 바다 '해' 자, 아이 '아' 자 '해아' 로…….

그런데 한 아이를 잃고 보니 남은 아이가 잃은 아이 몫까지 두 몫을 하게 되었는지도 모를 일이었다. 웬일인지 해아는 저절로 잘도 커주었다. 태양의 정열과 바다의 낭만을 지닌 아이로 커주었다. 해아는 언제나 주위 사람들의 마음과 혼을 사로잡았다. 그도 그럴 수밖에 없으리라. 항상 매사에 긍정적이고 적극적이며 낙천적인 해아임으로.

햇빛처럼 눈부신
해아의 표정은
세상을 밝게 해주고
별빛처럼 반짝이는
해아의 눈동자는

꿈을 불러주고
바람처럼 신선한
해아의 숨소리는
음악이며
이슬처럼 맺히는
해아의 눈물은
사랑이기에.
해아는 세상 모든 것에서
아름다움을 보고
기쁨을 맛보기 때문이리라.
그래서 해아한테는
나쁜 날씨란 없고.
여러 가지 다른 좋은 날씨가 있을 뿐이리.

이것이 정말 해아의 이름 까닭인지 아니면 이 세상에 같이 태어났다 하루 만에 먼저 떠나버린 해아가 수호천사처럼 살아남은 해아를 지켜주고 선도해주기 때문인지 모를 일이다. 해아뿐만 아니라 이 세상에 살고 있는 모든 사람들이 다 해아같이 제각기 '수호천사'로부터 늘 가호받고 있음에 틀림없다. 그렇지 않고서야 그 어찌 험난하고 험악한 세상에서 지금껏 순간순간 큰 탈 없이 살아올 수 있었으랴!

사내는 어린 시절의 기억으로 거침없이 달려갔다. 미군부대에서의 하우스보이 시절, 사령관은 사내에게 미국으로의 입양을 권하며 줄리어드음대에 보내주겠다고 입버릇처럼 말했다. 어쩌면 그래서였을까. 사내의 둘째 딸 수아는 줄리어드음대를 졸업했다. 유엔의 한국원조기구에서 하우스보이로 있을 때 사내를 특별히 사랑했던 영국인 부사령관은 암으로 죽기 전에 입버릇처럼 사내에게 옥스퍼드대학에 보내주겠다고 말했다. 사내의 큰딸 해아는 말로만 듣던 그 옥스퍼드대학을 3년 만에 학사와 석사학위까지 받고 졸업했다. 말이 씨가 된다는 말대로.

우리의 자화상 - 개구리

그 다음날 아침 조금 더 일찍 일어나 같은 곳에 나가보았더니 그 전날 물 빠진 모래사장에서 미처 빠져나가지 못한 물고기를 발견했던 그 자리에 아주 크고 보기 좋은 왕소라가 하나 있었다.

세상엔 별일이 다 있나 보다. 전에 사내의 가족이 런던 교외에 살 때 였다. 하루는 지붕에 올라가 비가 오면 빗물이 잘 흘러내리도록 기왓고랑을 깨끗이 청소하다 사내가 발견한 것이 있었다. 식물인지 광물인지 알 수 없는 딱딱하고 작은 별 모양의 물체가 고랑에 낀 흙 위에 자라고 있는 것을 보았다. 너무도 신기하고 신비스러워 곱게 뜯어 아이들에게 주면서 학교에 갖고 가 선생님과 친구들에게 보이라고 했다.

사내는 밤낮으로 하늘을 우러러 별들을 바라보며 속삭이고 노래하다 보니 별들을 닮아 별모양이 되었으리라는 생각을 했다. 어렸을 때 그가 읽은 동화책 속에 나오는 페르시아의 꼽추 공주이야기를 떠올렸다. 꼽추가 아닌 자기 동상 앞에 매일같이 서서 등허리를 똑바로 펴보다가 제 동상처럼 허리가 펴진 몸이 되었다는 동화 속 이야기처럼…….

이것은 하나의 깨달음이었다. 이와 같은 현상은 육지 공간에서만 아니라 저 깊은 바닷물 속에서도 일어나고 있었다. 해바라기 꽃이 해 모양을 하듯 바다 속에서 살며 별 모양을 한 극피동물의 하나인 불가사리 스타피쉬를 보면 말이다.

또 어릴 때부터 듣고 자란 흥부와 놀부 이야기에서처럼 새가 사람에게 복이나 화를 갖다 줄 수 있는지 몰라도 사람은 누구나 자신이 뿌리는 대로 거두게 되는 것만큼은 확실한 것 같다.

몇 년 전, 한여름에 그의 가족이 카리브해에 있는 섬나라 바베이도스에 휴가 갔을 때 일이다. 아침 일찍 바닷가 산책을 나갔다가 썰물에 밀려나가지 못하고 팔딱거리고 있는 작은 열대어 한 마리를 두 손으로 받쳐 바닷물 속에 넣어줬다.

그 다음날 아침 조금 더 일찍 일어나 같은 곳에 나가보았더니 그 전날 물 빠진 모래사장에서 미처 빠져나가지 못한 물고기를 발견했던 그 자리에 아주 크고 보기 좋은 왕소라가 하나 있었다. 그때 그가 아이들에게 말한 대로 아무리 두고두고 다시 생각해봐도 그가 살려준 그 물고기가 고맙다고 그 좋은 선물을 갖다 준 것만 같았다. 어렸을 때 읽은 동화 속의 바다나라 용왕님께 그 물고기가 말씀드려 용왕님께서 그 소라를 보내주셨는지 모를 일이었다.

불현듯 생시인지 꿈에선지 본 것만 같은 우리 모두의 '자화상' 이 사내에게 떠올랐다.

개구리, 너는!

얼마나 놀라운 새냐,
개구리, 너는!

네가 일어설 때
너는 거의 앉지.

네가 뛸 때
너는 거의 날지.
넌 분별도 거의 없고
넌 꼬리 또한 거의 없지.

네가 앉을 때면
네가 거의 갖고 있지 않은 것 위에
너는 앉지.

인간사에서 무엇이고 확실하다고 주장하는 것은 바보의 특권이다. 세상에 확실한 것은 아무 것도 없다는 것밖에 우리는 확실하게 알 수 있는 것이 없다.

한 사람의 인생이 어떤 출발점에서 어떤 방향으로 어떻게 발전하는가를 결정해준 것은 제 선택이 아니라 하늘의 섭리일 것이다. 독수리가 저는 독수리로 태어났다고 달팽이로 태어난 달팽이를 보고 너도 나처럼 하늘 높이 빨리 좀 날아보지 못하고 어찌 그리 느리게 땅에서만 가까스로 기어 움직이느냐고 비웃을 수 있을까. 어쩌면 너무도 독수리처럼 되고 싶었던 달팽이가 오랜 세월 죽도록 날아보려다 개구리로 진화한 것인지 모를 일이다. 마치 신이 되려던 동물이 인간으로 발전한 것 같이.

사내는 습관처럼 시를 지었다.

그러고 보면 세상엔 별일 천지다.
그 가운데서도 별일 중에 별일이

네가 있고 내가 있다는 것일 테고
그 더욱 한없고 끝없이
너무 너무 신비롭고 경이로운
사실 중에 사실이
네 가슴 내 가슴
우리 가슴 뛰는 것 아니랴!

그래서 일찍이 영국의 자연파 계관시인 윌리엄 워즈워드도 독백하듯 읊었을 것이다.

내 가슴 뛰놀다

하늘에 무지개 볼 때
내 가슴 뛰노나니
어려서 그랬고
어른 된 지금 그렇고
늙어서도 그러리라.
그렇지 않으면
차라리 죽어버리리라

어린애는 어른의 아버지

내 삶의 하루하루가

이 가슴 설레임으로 이어지리.

| 에 · 필 · 로 · 그 |

삶 이상의 모험 없고, 모험 중에 모험이 사랑

지나간 20세기 미국의 3대 의학자 가운데 한 사람으로 꼽히고 수필가로도 잘 알려진 루이스 토마스는 그의 저서 〈다치기 쉬운 종種 인류〉에서 세상의 모든 문제들을 안고 있는 인류가 진화론적 견지에서 아직 철부지 어린애에 지나지 않는다고 다음과 같이 우리를 위로합니다.

'인류의 진화과정에서 현재 우리는 일종의 유년기를 맞아 그 시련을 겪고 있는지 모르겠다. 나무에서 막 내려와 두 발로 서서 걸을 수 있다는 사실에 놀라워하며 걸음마를 하다 보니 우리가 잘 넘어지는 것도 무리가 아니다. 아직 다 자라지 않은 상태로 현대 인류문화와 문명이란 것도 먼 훗날에 가서 보면 아주 유치한 초년원시단계였음이 분명해지리라. 추측건대 인류가 하나의 종種으로서 얼마나 더 많이 발전할 수 있는가에 놀라지 않을 수 없는 일임에 틀림없다. 갖가지 모자람과 어리석음에도 불구하고 우리 자신 스스로를 유충이나 미성년자로 볼 때 우린 정말 아주 훌륭하고 전도가 유망한 존재로 어디까지나 나는 우리(인류)편이다.'

그렇다면 이제 망원경은 그만 치워놓고 현미경으로도 한번 과거를 관찰해 볼 필요가 있겠다 싶었습니다. 인간의 한 견본으로 나 자신의 삶을 좀 살펴보리라 생각했던 것입니다. 한 평생 살아오면서 매사가 우연이 아니고 필연이 틀림없다는 생각을 하게 됩니다. 세상 모든 일은 앞뒤 차례가 있고 저마다 제때가 있기에 우연이 아니라 필연일 것입니다.

이 세상에 태어난 사람이면 그 어느 누구라도 한편의 인생 드라마를 엮는 삶의 주인공이라 할 수 있습니다. 인생이라는 종이에다 삶이라는 펜으로 사랑의 피와 땀과 눈물을 잉크삼아 쓰는, 우리의 절절한 그리움이 준 '글'이거나 아니면 삶이 끝나는 마지막 순간까지 숨 쉬듯 부르는, 각자의 가슴 속에 뛰노는 노루, 우리 서로 사랑하는 가슴이 준 '말', '사슴'의 노래가 되겠지요.

그 어느 누구의 글이든 언제나 하나의 습작에 지나지 않을 것입니다. 그래서 쓰다마는 편지일 뿐입니다. 그렇게 쓰다마는 '편지片志'의 말들이 모여 만드는 우리의 노래가 하나의 미완성 교향곡이 되는 것이지요.

그렇습니다. 삶 이상의 모험 없고 모험 중의 모험은 사랑입니다. 아직도 저는 모험을 멈추지 않았습니다. 저의 모험은 끝없이 계속될 것입니다.

| 닫 · 는 · 말 |

모두 다 불가사의한 일이다

"우주란 이해가 가능해질수록 그 의미가 없어 보인다."

미국의 물리학자 스티븐 와인버거는 이렇게 말했다. 우리가 어떻게 살고 사랑하는가에 따라 우주의 의미가 생기고 존재의 의미가 성립된다는 뜻일 게다. 우주가 그러하고 자연이 그러할진대 사람 또한 그렇지 아니할까.

이 세상에 태어난 것부터 불가사의한 일이다. 지금까지 살아온 일도 불가사의한 일이다. 사람은 누구나 제 맘먹는 만큼의 삶을 살게 되고 제 꿈꾸는 만큼의 기적을 일으킬 수 있다고 나는 믿는다. 이 불가사의한 일이 곧 기적이다. 기적은 일어날 일이 일어나는 것이다. 우리는 기적의 다른 이름을 사랑이라고 부른다.

현재 있는 것 전부,
과거에 있었던 것 전부,
미래에 있을 것 전부인
대우주를 반영하는
소우주가 인간이라면
이런 코스모스가
바로 나 자신임을
깨닫게 되는 순간이 사람이면
그 어느 누구에게나 다 있을 것이다.
이러한 순간을 위해
너도 나도 우리 모두
하나같이 인생순례자
세계인 아니 우주인 '코스미안' 이 된 게 아닐까.
하늘 하늘 하늘에 피는
코스모스바다가 되기 위해